Hans Jellouschek

Wer Liebe lebt – Wie Partnerschaft gelingt

Hans Jellouschek

Wer Liebe lebt –
Wie Partnerschaft gelingt

Kreuz

Inhalt

Vorwort

Liebe Leserin, lieber Leser!
Dies ist nicht ein neues Buch von mir. Ein Lesebuch – das besagt, dass Ihnen hier eine Sammlung von »Lesefrüchten« präsentiert wird, die Frau Hildegunde Wöller für Sie aufgelesen hat und wofür ich ihr herzlich danken möchte. Vielleicht werden Sie dadurch erstmals mit meinen Gedanken vertraut und das regt Sie an, in den Büchern selbst, aus denen zitiert wird, nachzulesen. Oder Sie treffen hier auf schon Gelesenes, das durch die Lektüre wieder erneut in Ihr Bewusstsein tritt. Beziehungs-Wissen ist ja keine theoretische Angelegenheit. Man kann es sich nicht einmal aneignen und dann abhaken. Vielmehr verschwindet häufig im Laufe der Zeit das eine oder andere aus dem Bewusstsein, und man muss es wieder lesen, damit es von Neuem wirksam und lebendig wird.

Der erste Teil »Das Liebesideal« enthält Auszüge aus meinem Buch »Die Kunst als Paar zu leben«. Dieses Buch, sozusagen meine »Grundsatzerklärung« zum Thema Paarbeziehung, ist schon seit Jahren auf dem Markt und bereits in vielen Auflagen erschienen. Es hat auch in diesem Buch die Funktion einer Grundlegung. Es geht darin um das Problem des heutigen Liebesideals, das nur zu oft mit der Lebens-Realität so in Konflikt gerät, dass die Beziehung zerbricht. Den Weg vom Ideal zur Realität der Liebe beschreibt dieses Buch, und die wesentlichen Gedanken dazu finden Sie nun in diesem Auszug.

Der zweite Teil »Die Kunst, ein Paar zu bleiben« ist entnommen dem Buch »Liebe auf Dauer« – gewissermaßen die Fortsetzung zum erstgenannten Buch. Es reflektiert die große Sehnsucht heutiger Paare, die zu erfüllen dennoch besonders schwierig geworden ist: Die Sehnsucht nach Dauer –

und dennoch Lebendigkeit einer Beziehung über die Jahre hin.

Im dritten Teil »Wie Paare sich im Märchen verlieren und wieder finden« sind verschiedene, häufig vorkommende Beziehungsmuster zwischen Mann und Frau geschildert. Diese – und darüber hinaus noch einige mehr – finden Sie auch in meinem Buch »Beziehung und Bezauberung«. In unseren Märchen und Mythen begegnen wir immer wieder Paaren, die auf eine archetypische Weise Beziehungskonstellationen verkörpern, die uns auch heute im Alltag begegnen. An ihnen wird besonders klar, worin die Problematik solcher Konstellationen besteht, aber sie enthalten auch in unerwarteter Aktualität Hinweise, wie daraus ein tieferes »Sich-wieder-Finden« und damit eine tiefere Liebe entstehen kann.

Ich bin schon öfter darauf angesprochen worden, warum ich – wie auch in diesem Buch – so häufig von der »Kunst« der Paarbeziehung spreche und schreibe. Ja, ich meine, es ist eine Kunst, heutzutage eine Beziehung so zu gestalten, dass in ihr Dauer *und* Lebendigkeit Realität werden. Aber ich bin zutiefst überzeugt: Wirkliche Kunstwerke wurden und werden nur geschaffen, wenn das dafür nötige Handwerk gekonnt wird. Ich hoffe und wünsche mir, dass die Gedanken auf den folgenden Seiten dazu beitragen, das Handwerk für die Kunst der Paarbeziehung zu erlernen und weiter zu vertiefen.

Ammerbuch, Juni 2006 Hans Jellouschek

I Das Liebesideal

Verliebt in die Liebe – Liebe als Liebeserlebnis

Die Liebe zwischen Frau und Mann wird heute durchgängig gleichgesetzt mit dem emotionalen Liebeserlebnis. Wenn wir sagen: »Die beiden lieben sich«, dann meinen wir ganz selbstverständlich, dass es ihnen so geht, wie es das Märchen von Jorinde und Joringel schildert: »Sie hatten ihr größtes Vergnügen eins am andern«, wobei »Vergnügen« alles heißen kann, von der zarten Zuneigung bis hin zur sexuellen Ekstase. Auf jeden Fall ist immer ein erotisches Erlebnis gemeint, das die beiden im Hier und Jetzt erfüllt.

Es ist unschwer zu erkennen, dass diese Auffassung von Liebe aus dem Verliebtheitserlebnis stammt. Was man hier erfahren hat, wird festgehalten als Partnerliebe schlechthin. Es wird mit dem Anspruch auf ein »ewiges Hier und Jetzt« über die ganze Länge einer Dauerbeziehung hin ausgedehnt. Liebe als Verliebtheit auf Dauer: Das ist nach heutigem Verständnis die Liebe zwischen Frau und Mann.

Es hat sich eingebürgert, diese Auffassung von Liebe als »romantisch« zu bezeichnen. Einmal passt das zur gängigen Bedeutung des Wortes »romantisch«, und zum anderen bezeichnet es den Ursprung dieser Liebesauffassung: Im Zeitalter der deutschen Romantik wurde sie zum Ideal der Liebe zwischen Frau und Mann, auch in einer Dauerbeziehung, erhoben.[1] Ich spreche lieber vom »neo-romantischen Liebesideal«, denn so wie es uns heute begegnet, stammt dieses Ideal auch noch aus anderen Quellen: aus der Psychoanalyse, vor allem aus den Schulen, die auf den Freud-Schüler Wilhelm Reich zurückgehen, aus der humanistischen Psychologie, aus dem Neo-Marxismus und Existenzialismus der 68er Jahre und schließlich noch aus der Frauenbewegung der letzten Jahrzehnte.

Es handelt sich bei diesem neo-romantischen Ideal der Liebe um eine sehr berechtigte Gegenbewegung und einen verständlichen Protest gegen die bürgerlich-patriarchale Ehe, die als erstarrt und leblos, nur noch aus äußerer Form und glatter Fassade bestehend erlebt wurde – hauptsächlich auf Kosten der jeweils beteiligten Frauen. Dieser Zerrform der Geschlechterbeziehung wurde das Ideal der gleichberechtigten Paarbeziehung als »leidenschaftliche, umfassend geistig-gefühlsmäßig-sexuelle Zuneigung zwischen Mann und Frau« gegenübergestellt.[2]

Aber lässt sich das »emotionale Liebeserlebnis« mit der Partnerliebe überhaupt identifizieren? Was geschieht, wenn dieser Anspruch zum Ideal der Paarbeziehung überhaupt erhoben wird? Das Liebeserleben ist etwas Momenthaftes, das zwar immer wieder erfahrbar werden kann, vor allem am Beginn einer Beziehung. Aber aller Erfahrung nach ist es kein Dauerzustand. Die Hochstimmung des Liebeserlebnisses vergeht, die Gefühle sind starken Schwankungen unterworfen, und die Intensität lässt im Laufe der Zeit aufs Ganze gesehen nach. Wenn aber die Partnerliebe mit dem Liebeserlebnis gleichgesetzt wird, dann bedeutet dies, dass bei dessen Verlust zugleich die Liebe verloren geht. So wird es tatsächlich von vielen gesehen. Wenn sie radikal und konsequent sind, lassen sie sich dann scheiden, suchen die Liebe im Liebeserlebnis mit einem neuen Partner, machen wieder dieselbe Erfahrung, dass diese Liebe nicht »hält«, trennen sich nochmals und nochmals oder resignieren schließlich. Die Scheidungshäufigkeit hat sich in den letzten 25 Jahren in Deutschland verdreifacht. Ein wesentlicher Faktor für diese Situation ist zweifellos die Auffassung von Liebe als emotionalem Liebeserlebnis.

Aber auch für weniger radikale Menschen, die die Beziehung nicht gleich abbrechen, hat dieses Liebesideal Folgen.

Sie halten zwar die Ehe aufrecht, suchen aber das Liebeserlebnis in Außenbeziehungen. Darüber gibt es keine Statistiken, aber die Zahl solcher Außenbeziehungen scheint Legion zu sein. Oft wechseln die Partner, oft werden sie geheim gehalten, und diese Sondersituationen bringen es mit sich, dass das Momenthafte und Emotionale, das dem romantischen Liebesideal entspricht, leichter immer neu erlebt werden kann. Es sieht dann so aus, als ob die wirkliche Liebe zwischen Frau und Mann eigentlich nur ein flüchtiger Moment sei und das Dunkel des Verborgenen oder gar Verbotenen brauche, um lebendig zu bleiben. Liebe und Dauerbeziehung aber werden dann zum Widerspruch.

Noch weniger radikale Menschen trennen sich weder, noch gehen sie fremd, sondern sie resignieren. Sie trauern im grauen, liebeleeren Alltag besseren Zeiten nach, phantasieren sich sehnsüchtig einen Märchenprinzen, der Dornröschen einmal wachküssen, oder eine Märchenprinzessin, die den Frosch zum Prinzen machen wird. In der Realität aber leben sie nebeneinander her und suchen Trost im Essen, Trinken und anderen Ablenkungen, oder sie setzen ihren Frust in psychosomatische Leiden um und pflegen dann manchmal gegenseitig ihre Wehwehchen statt ihre Liebe.

Die Auffassung von Liebe als romantischem Liebeserleben hat eine weitere fatale Konsequenz: Wenn das Liebeserlebnis verblasst, kann man nichts dagegen machen. Es ist aus und vorbei. Denn was soll ich denn tun, wenn der andere mich nicht mehr fasziniert? Liebreiz und Attraktivität lassen nach. Wir können es uns gar nicht verübeln, dass wir uns nicht mehr so anziehend finden. Im Laufe der Jahre sind unsere Körper schlaffer geworden, und wir sehen bei uns selbst und beim andern hinter die Fassade der Persönlichkeit, wo sich manches gar nicht so glänzend ausnimmt, wie wir es gerne wahrhaben möchten. Wie soll da jenes Liebeserlebnis wieder hergestellt werden können?

Liebe – im romantischen Sinn verstanden–ist tatsächlich nicht disponierbar. Sie überfällt uns wie ein Schicksal. Amor schießt seine Pfeile ab, auf wen und wo immer er will. Man kann sich davor nicht schützen, und man kann ihn nicht dazu zwingen. Die Verliebtheit vergeht dann auch oft genauso schicksalhaft, wie sie gekommen ist, manchmal schon im nächsten Augenblick, manchmal nach und nach, aber in einem genauso unaufhaltsamen Prozess. Wir spüren es und können es nicht verhindern. Die romantische Liebe entzieht sich radikal der Beeinflussbarkeit. Das ist der Grund, warum viele Menschen, meiner Erfahrung nach vor allem Männer, nicht in eine Paartherapie gehen wollen. »Was soll denn das bringen?«, fragen sie. Und sie haben von ihrem Standpunkt aus durchaus Recht. Denn wenn das Liebeserlebnis verschwunden ist, wer soll es dann wieder herstellen können? Was soll dann eine Paartherapie bringen, außer vielleicht – und das fürchten sie – dass die Wahrheit ans Licht kommt und man sich dann trennen muss? Lieber lassen sie alles, wie es ist, denn so wichtig ist ihnen die Emotion der Liebe doch auch wieder nicht, dass sie dafür alles andere, Haus, Familie, Kinder und bürgerliche Normalität, aufs Spiel zu setzen bereit wären.

Aber kann denn Partnerliebe überhaupt etwas anderes sein als das romantische Liebeserleben? Was gibt es denn anderes, das Partner miteinander verbinden und den Namen Liebe verdienen könnte? Wenn wir danach fragen, wie es tatsächlich war und ist, was Partner tatsächlich miteinander verbunden hat und verbindet, dann stoßen wir freilich auf viele Arten von »Liebe«. Die Frage ist allerdings, ob diese Arten von »Liebe« unseren heutigen Ansprüchen genügen.

Da gibt es viele Paare, die lieben sich wie Eltern ihre Kinder und Kinder ihre Eltern. Der Mann liebt seine Frau wie ein Junge seine Mutter: Er braucht mit ihr keinen besonderen Austausch. Wenn sie nur »um ihn herum ist« und er seinen Hobbys und Unternehmungen nachgehen kann, dann ist es ihm schon genug. Oder die Frau liebt den Mann wie eine Mutter ihren Jungen: Sie erzieht an ihm herum, bringt ihn mit verschiedenen Tricks geschickt zu dem, was sie von ihm will, ohne dass er es merkt. Auch der Mann, der eine Frau heiratet, weil er meint, sie dadurch von ihrer Depression zu erlösen, liebt sie wie ein Vater sein krankes Kind. Oder eine Frau, die einen Witwer mit Kindern heiratet, weil er »so arm und allein« ist, die liebt ihn wie eine Mutter, die sich ihres Kindes erbarmt. Natürlich lehnt jedes moderne Paar eine solche Eltern-Kind-Liebe zwischen Partnern ab. Aber täuschen wir uns nicht. Hinter allerlei progressivem Sprachgebrauch und gleichberechtigter Programmatik verbergen sich auch heute noch solche Beziehungsmuster zuhauf.

Paare können sich außerdem lieben nach dem Muster »Herr und Knecht«. Zum Beispiel versteht sich eine Frau als Dienerin ihres Mannes, indem sie sich ganz für ihn, sein Wohlbefinden und seine Karriere aufopfert. Sie hält ihm den Rücken frei, und ihre höchste Erfüllung ist es, wenn er alles erreicht, was er sich erträumt hat. In Kreisen hoher Politiker und Manager treffen wir diese Beziehungsform auch heute noch sehr oft als »Partnerliebe« an. In der Alternativszene begegnen wir oft der Umkehrung dieses verrufenen Modells: der Mann als »Diener der Frau«. Von der Frauenbewegung verunsichert, fragen manche modernen Männer nur noch nach »ihren« Bedürfnissen und vergessen dabei ganz sich selbst. Sie versuchen immer nur, zu verstehen, was die Frau meint, wollen es nur immer »recht machen« und stellen sich immer nur selbst in Frage, wenn etwas schief geht.

Schließlich können sich Paare auch noch lieben im gemeinsamen Dienst an einem Dritten, zum Beispiel an den Kindern, am gemeinsamen Hausstand, am Familienbetrieb. Die Partner leben ihre Zuneigung als gut funktionierendes Arbeitsteam. Dies war zweifellos vor allem früher eine weit verbreitete Form der Partnerliebe. Damals bestand allerdings der Vorteil, dass die rein pragmatische Ebene eine Überhöhung in dem Bewusstsein fand, durch den gemeinsamen Dienst am Werk der Schöpfung beteiligt und somit Gott wohlgefällig zu sein. Die romantische Liebe war nur dazu da, die beiden gleichsam in den gemeinsamen Dienst »hineinzulocken«. Für wichtig oder gar unabdingbar wurde sie nicht erachtet. Heute finden wir – freilich ohne weltanschauliche Überhöhung – die Partnerliebe als pragmatische Zweckgemeinschaft sehr oft bei jungen, berufstätigen Paaren, aber auch bei Unternehmer-Ehepaaren, bei Handwerker- und anderen Familienbetrieben. Diese Paare haben – wenn auch ganz und gar gegen ihren Anspruch auf romantische Liebe – für nichts anderes mehr Zeit als für Arbeit, Haushalts- und Erziehungsorganisation. Dazu noch fehlt ihnen jegliche »Überhöhung« durch eine sinnstiftende weltanschauliche Interpretation ihres Tuns. »Wozu eigentlich machen wir das alles?«, fragen sie darum resignierend, wenn die Energie sich allmählich zu verbrauchen beginnt.

Es gab und gibt also vielerlei »unromantische« Arten, wie Paare einander lieben, und vieles andere als romantische Liebe ist dafür verantwortlich, wenn Partnerbeziehungen zusammenhalten. Wenn Frau oder Mann sich wie Tochter oder Sohn fühlen, können sie sich nicht trennen, denn Kinder brauchen die Eltern zum Überleben. Auch Herr(in) und Diener(in) sind auf Gedeih und Verderb aufeinander angewiesen. Und das »gemeinsame Werk« war immer schon ein starkes, manchmal unzerreißbares Band zwischen Partnern. Wir sind aber heute damit nicht mehr zufrieden. Mit und ohne psychologisches Vokabular kritisieren wir solche »nicht-romantischen« Verbindungen. Das »Herr-Knecht«-Verhältnis ist zwar immer noch häufig, aber schon gar nicht diskutabel, weil die Beziehung hier ein Macht-Ohnmacht-Verhältnis ist, das dem gleichen Recht und der gleichen Würde von Frau und Mann widerspricht. Ebenso halten wir ein Mutter/Vater-Kind-Verhältnis zwischen Partnern nicht für gemäß. Denn auch hier gibt es ein Gefälle, sowohl eines der Macht als auch eines von Geben und Nehmen, weil der eine, in der elterlichen Position, mehr gibt und der andere, in der kindlichen Position, mehr nimmt und somit ein Ungleichgewicht entsteht, das sehr bald als ausbeuterisch erlebt wird. Auch den gemeinsamen Dienst an der Sache, an Familie oder Betrieb, halten wir nicht mehr für ausreichend. Hier wird die Liebe institutionalisiert und in einer äußeren Lebensform festgezurrt. Wie es den Beteiligten dabei geht, bleibt unberücksichtigt. Es geht nicht um persönliche Erfüllung, sondern um gutes Funktionieren. Gerade gegen diese Auffassung von Paarbeziehung liefen die Studenten der 68er Generation Sturm. Sie hatten das in der Aufbauphase nach dem Zweiten Weltkrieg am eigenen Leib erlebt und erlitten, darum setzten sie dieser Lebensform das Ideal der freien Liebe entgegen.

Auch wenn sie damit gescheitert sind, auch wenn wir mit der freien Liebe nicht einverstanden sind, ist uns von daher trotzdem die Überzeugung geblieben, dass Liebe zwischen Frau und Mann in ihrem eigentlichen Kern eine personale, subjektiv erlebbare Erfahrung sein muss. Also doch die romantische Liebe? Ist denn das, was ein Paar am Anfang erlebt, nicht doch das Eigentliche?

Was die Liebe zwischen Frau und Mann sein kann, wird tatsächlich nirgendwo so deutlich wie im emotional-erotischen Erlebnis der Verliebtheit. Denn was hier im Mittelpunkt steht, ist doch die leidenschaftlich-körperlich-seelisch-geistige Vereinigung einer Frau mit einem Mann. Dabei ergeht es den beiden wie im Mythos geschildert: als hätte jede/jeder seine bessere Hälfte, von der er getrennt war, wieder gefunden, jene Hälfte, nach der er immer schon gesucht hat. Im Wiederzusammenfügen der Hälften bekommt es nun Sinn, dass ich so bin, wie ich bin, ich erfahre mich plötzlich als wertvoll und wichtig wie nie zuvor. Und in der Begegnung mit dem anderen entsteht Ganzheit, die als schön und faszinierend erlebt wird, so schön und faszinierend, wie bisher beide noch nichts erlebt haben. Diese Vereinigung drängt außerdem auf ein Drittes hin. Der Gedanke an ein Kind ist sehr oft gerade am Anfang einer verliebten Beziehung plötzlich da. Die liebende Vereinigung will fruchtbar werden. Auch wenn sich dies nicht sofort im Wunsch nach einem Kind äußert, erleben beide in ihrer Begegnung eine Fruchtbarkeit an Ideen, Einfallen, Aktivitäten, eine Kreativität, wie sie beiden bislang unbekannt war. Im Erleben der Verliebtheit ist also alles da, was für die Liebe zwischen Mann und Frau spezifisch und in dieser Weise in keiner anderen Beziehungsform zu finden ist. In der Verliebtheit vollzieht sich nichts Geringeres als die Erfahrung der schöpferischen und fruchtbaren Vereinigung der beiden Grundprinzipien unserer Wirklichkeit, des männlichen und des weiblichen Prinzips. Dies ist der Grund, warum viele Menschen in der erotischen Vereinigung eine religiöse Dimension erfahren, die sie zutiefst beeindruckt, ja erschüttert.

Das erotische Liebeserlebnis zwischen Frau und Mann enthält zweifellos das Spezifische dieser Beziehungsform. Aber, so sagt unsere Erfahrung, dieses Erlebnis ist nicht von Dauer, es vergeht wieder. Heißt dies also, es ist ein Versprechen, das nie erfüllt wird? Heißt dies, wir sitzen einer Illusion auf, wenn wir uns darauf einlassen? Scheint hier etwas auf, was nie zu verwirklichen ist?

Um diese Fragen zu beantworten, müssen wir nach dem Sinn und der Funktion des erotisch-emotionalen Liebeserlebnisses fragen. Was das Liebeserlebnis eigentlich ist, scheint mir am deutlichsten zu werden durch den Vergleich mit dem Prozess der Schaffung eines Kunstwerks. Darum möchte ich dieser Analogie folgen. Am Anfang des Kunstwerks steht die Intuition. Die Intuition enthält die Vision des Kunstwerks, seine mehr oder weniger deutliche, mehr oder weniger faszinierende Voraus-Ahnung. Die Intuition ist aber in keinem Fall schon das Kunstwerk selbst. Der Künstler weiß, dass nur etwas daraus wird, wenn er jetzt, da ihm die Intuition zuteil wurde, in den Prozess der Realisierung eintritt. Für diesen Prozess braucht er: Material, Werkzeug, Können und vor allem: Handeln, Tun, Arbeit.

Diese Arbeit ist ein langwieriger Prozess, bei dem manches gelingt, manches aber auch schief geht. Es ist ein Prozess von Versuch und Irrtum, in dem der Künstler selber vieles dazulernt, Erfahrungen sammelt, scheitert, sich korrigiert, neue Anläufe macht, so lange, bis er schließlich – mehr oder weniger vollkommen – seine intuitive Ursprungsidee in die Wirklichkeit übersetzt hat. Wahrscheinlich entspricht die Realisierung auch dann noch nicht ganz seiner Vision. Die Vision weist vielleicht immer noch über das Kunstwerk hinaus, aber ein Stück davon ist jedenfalls Wirklichkeit geworden, als Fragment, das die Ganzheit erahnen lässt. Aber auch wenn es so ist, der Künstler weiß: Nur so kann seine Kunst real sein, nur so überwindet er das unverbindliche Spiel der bloßen Möglichkeiten.

So ähnlich ist es auch beim Liebeserlebnis der Verliebtheit. Auch in ihm wird gleichsam im Vorgriff und ohne unser aktives Zutun die Vollgestalt der liebenden Begegnung erfahren – in ihrem ganzen Reichtum und in ihrer Faszination. Die Verliebtheit ist eine Vision von dem, was zwischen Frau und Mann sein könnte. Aber es wäre ein Irrtum zu meinen, damit wäre es schon getan. Der Prozess der Realisierung muss jetzt erst beginnen. Es wäre außerdem ein Irrtum zu meinen, die Vision wäre von der Realisierung ohne weiteres einzuholen. Sie bleibt, wie die künstlerische Vision, eine Art Leitidee, etwas, das uns immer vorangeht.

Das erotische Erlebnis der Verliebtheit enthält also alles, was die Beziehung zwischen Frau und Mann sein kann, aber es enthält es als Intuition, Vision und Utopie. Es muss als solches vergehen. Nur in einem langen Prozess der Realisierung kann es festgehalten werden. Dieser Prozess braucht unsere ganze Aufmerksamkeit, unser aktives Tun, auch unsere harte Arbeit, einschließlich Scheitern und Misserfolg. Die Liebe als Erlebnis wird uns ohne unser Zutun geschenkt, sie wird uns aber geschenkt nicht als Realität, sondern als Vision. Diese Vision ist deshalb so faszinierend, damit wir uns dahin auf den Weg machen. Würde dies von heutigen Paaren nur ein wenig mehr beachtet, hätten wir ein gutes Stück unserer Beziehungsmisere überwunden.

Was heißt das aber nun konkret? Was heißt bei der Partnerliebe »Realisierung«? Es gibt dabei zwei Gefahren, in die wir geraten können. Die eine ist, dass die Arbeit am Kunstwerk der Beziehung nicht ernsthaft und entschieden genug erfolgt. Dann wird nichts daraus, die Vision verblasst zu nostalgischer Sehnsucht. Die andere Gefahr ist, dass wir uns zwar sehr bemühen, uns abstrampeln und kämpfen, dabei aber die Ursprungsvision verlieren. Dann verirren wir uns irgendwo im Gestrüpp von Anstrengungen und guten Vorsätzen, die aber nichts bewirken, am wenigsten, dass wir einander lieben.

Es braucht beides: Es braucht die tägliche Anstrengung, und es braucht die Leuchtkraft der Vision. Es braucht den Weg durch die Wüste, und es braucht die Verheißung des gelobten Landes.

Was heißt dies beides konkret? Was ich im Folgenden hintereinander darstelle, ist nicht in einem zeitlichen Hintereinander zu verstehen. In der Praxis ist parallel auf beides zu achten. Das eine ist der Aspekt des »Machens«, das zweite der Aspekt des »Geschehen-Lassens«.

Zum ersten, zum Aspekt des »Machens«:

Dazu gehört alles, was wir gewöhnlich als »Beziehungsarbeit« bezeichnen, alles, was auf Tausenden von Seiten in Ehebüchern geschrieben und in Abertausenden von Kursen und Seminaren gelehrt und trainiert wurde und wird. Sicherlich sind viele solcher Angebote von einer allzu oberflächlich-optimistischen (und geschäftstüchtigen) Machbarkeitsideologie beseelt. Es steckt aber ein Gedanke dahinter, der für unser Zusammenleben fundamental ist und noch immer viel zu wenig beachtet wird: Unser Verhalten beeinflusst unser Gefühl und kann dieses auf die Dauer sogar ins Gegenteil verkehren. Die tiefste Liebe kann an schlechten Gewohnheiten zugrunde gehen. Ständige Unzuverlässigkeit des einen tötet die Liebe des anderen. Dauernde Ungeschicklichkeit ohne ernsthafte Versuche der Änderung, zum Beispiel in finanziellen Dingen, kann Zuneigung erkalten lassen. Wenn sich der eine nicht wäscht, kann ihn der andere bald »nicht mehr riechen«. Und wenn einer grundlegende Regeln der täglichen Höflichkeit außer Acht lässt, fühlt sich der andere irgendwann als Person missachtet. Das heißt: Durch bestimmte Verhaltensgewohnheiten wird unsere Liebe entweder erhalten und genährt oder aber untergraben und zerstört.

Darum kann es sehr wohl von großem Nutzen sein, sich mit Hilfe von Büchern, Kursen, Eheberatung oder Paartherapie bestimmte Verhaltensweisen abzugewöhnen und sich andere, förderliche Verhaltensgewohnheiten anzueignen. Auch in der Partnerliebe gelten die Gesetze der Lernpsychologie. Das heißt: Es ist zu empfehlen, nicht gerade beim Schwersten anzufangen und sich nicht gleich zu viel auf einmal vorzunehmen. Lieber beim Leichtesten anfangen und die Aufmerksamkeit auf *eine* Sache richten. Die segensreichen Wirkungen sind oft erstaunlich. Schon die Tatsache, dass einer sich abgewöhnt, vom Tisch einfach aufzustehen und alles liegen und stehen zu lassen, und sich angewöhnt, regelmäßig den Tisch mit abzuräumen, kann zu großen Stimmungsumschwüngen im Zusammenleben führen. Es zeugt von einem riesenhaften Dünkel, der ebenfalls im neoromantischen Liebesideal enthalten ist, wenn solche Kleinigkeiten als Banalitäten abgetan werden. Was die Liebe stört und was die Liebe fördert, *sind* oft winzige Kleinigkeiten. Darauf zu achten ist ein gutes Stück »Handwerk«, das auch der begabteste »Liebes-Künstler« erlernen und ständig verfeinern muss, um seine Ursprungsidee von der großen Liebe ins »Material« zu bringen.

Zu diesem Handwerk und »Material« der Liebe gehört übrigens auch alles, was ich als »andere Formen der Liebe« bezeichnet habe: der Dienst an einer gemeinsamen Sache, der Dienst aneinander und füreinander und väterlich-mütterliche Fürsorge füreinander (beides allerdings wechselseitig!). Denn wir sind als Paar auch ein Arbeitsteam, sind auch zum Dienst aneinander da und sind uns auch wechselseitig ein wenig Vater und Mutter. Wenn wir dabei unsere grundsätzliche Ebenbürtigkeit respektieren, werden diese anderen Beziehungsformen ebenfalls der Partnerliebe dienen. Der gemeinsame Dienst und die Fürsorge füreinander bringen die Partnerliebe zwar nicht hervor, aber wenn sie fehlen, dann leidet die Partnerliebe Schaden und kann zugrunde gehen.

Allerdings nützt all unser willentliches Bemühen, all unsere Arbeit an besseren Beziehungsgewohnheiten nichts, wenn wir nicht zugleich auch dafür sorgen, dass die Intuition beziehungsweise Vision des Anfangs immer wieder zum Leuchten kommt.[3] Gutes handwerkliches Können allein ist für ein Kunstwerk eben auch zu wenig. Was dabei herauskommt, ist vielleicht gekonnt, hat aber keine Seele. Paare, deren Beziehung nur noch im gemeinsamen Bemühen besteht, meinen es sicher sehr gut, plagen sich aber umsonst. Was zwischen den Partnern geschieht, muss noch eine lebendige Verbindung zur intuitiven Anfangsvision haben, sonst bewirkt es nichts.

Was können Paare tun, um diese Verbindung wieder aufzunehmen oder immer wieder herzustellen? Zunächst: Es ist wichtig, dass Paare sich *ihre* spezifische Vision bewusst machen, die sie am Anfang *ihrer* Beziehung hatten. Das Verliebtheitserlebnis eines jeden Paares hat seinen eigenen Gehalt. Sicherlich ist ihm viel Illusionäres, ja Neurotisches beigemischt, aber es enthält auch die »besten Möglichkeiten«, die in dieser Liebe angelegt sind. Wenn wir nur auf die illusionären und neurotischen Elemente schauen, wie das manche Therapeuten gerne tun, dann bringen wir die Beziehung um ihre besten Chancen. Viel besser ist es zu fragen: Was war die zündende Idee, als sich diese Frau und dieser Mann begegneten? »Mit ihm werde ich …«, »mit ihr sehe ich mich …«. Es können symbolische Bilder sein, Bilder von großer Stille und Innigkeit: »Wenn ich an den Anfang denke, sehe ich uns auf einem Bootssteg sitzen, aneinander geschmiegt, und wir schauen auf die glatte Wasserfläche, in der sich die untergehende Sonne spiegelt, und es umgibt uns eine tiefe Stille …« Oder es sind Bilder von turbulenter Lebendigkeit: »Mit dir war es wie auf einem großen Maskenball, wir stürzten uns in den Trubel, begegneten immer wieder neuen Gestalten und Verkleidungen und entdeckten doch immer wieder unter den tausend verschiedenen Masken mit untrüglicher Sicherheit uns selbst …« Oder weniger symbolische Visionen: »Mit ihr, habe ich mir gedacht, kann ich über Gott und die Welt, über alle wichtigen Fragen reden.« »Mit ihm zusammen, das war meine Hoffnung, werde ich das Leben leichter nehmen können.«

Gerade in den letzten Beispielen wird natürlich auch eine Gefahr sichtbar: den anderen in die Rolle des »Retters« zu schieben, der meine »Löcher« stopft. Dies ist natürlich eine Illusion. Aber es ist darin doch auch die Idee enthalten, zusammen mit dem anderen dem Leben eine neue Richtung geben zu können. Insofern kann sie ein fruchtbarer Zukunftsentwurf sein. So ist es von großem Nutzen, wenn wir uns daran erinnern, was unsere Ursprungsvision war, als wir uns ineinander verliebten.

Genauso wichtig ist es allerdings, dass dies nicht eine einmalige Erinnerung bleibt. Wir müssen dafür sorgen, dass diese Anfangsvision in unserer Gegenwart immer wieder auftaucht und dass die Liebe auch in unserem Alltag immer wieder zum Erleben werden kann. Wir können sie nicht wieder herbeizwingen, aber wir können Platz in unserem Leben schaffen, dass sie sich hin und wieder einstellen kann. Paarbeziehungen drohen heute in Pflichterfüllung aufzugehen und zu bloßen Arbeitsbeziehungen abzumagern. Früher gab es im Tages-, Wochen-, Monats- und Jahreszyklus rituell vorgegebene Zeiten, in denen nicht gearbeitet werden durfte, Zeiten, die für Muße, Stille und Feiern vorgesehen waren. Solche Zeiten verschwinden als kollektiv vorgegebene heute immer mehr. Jeder kann und muss seinen eigenen Rhythmus finden, und die Gefahr ist groß, dass dabei alles von Arbeit aufgefressen wird. Gerade aber um die Liebe in einer Paarbeziehung lebendig zu halten, braucht es solche freien Zeiten: Zeiten der Erinnerung, Zeiten des Vorausphantasierens, Zeiten der Stille, in denen man einfach beisammensitzt, Zeiten der Zärtlichkeit und der körperlichen Begegnung.

Es gibt Paare, die sich solche Zeiten regelrecht verordnen, indem sie im Terminkalender Platz dafür aussparen und diesem oberste Priorität einräumen: »Der Sonntagvormittag gehört uns ganz allein als Paar. Da nehmen wir kein Telefon ab, da wissen die Kinder, dass sie uns allein lassen müssen, da empfangen wir keinen Besuch, das ist *unsere* Zeit in der Woche.« Es muss Zeiten geben, die aus dem täglichen Arbeitsablauf ausgeklammert sind, Inseln[4] im Strom des Alltags, Blumenbeete im Garten der Nutzpflanzen, Oasen in der Wüste. Die Liebe als Erleben ist nicht manipulierbar, haben wir gesagt. Aber man kann Bedingungen zulassen, die bewirken, dass das Liebeserlebnis des Anfangs einfach untergeht, oder man kann Bedingungen schaffen, die bewirken, dass es wieder erwacht, uns wieder einholt, stiller vielleicht, weniger stürmisch, aber deswegen keineswegs weniger tief.

Die Aufmerksamkeit in alltäglichen Kleinigkeiten, die tägliche »Beziehungsarbeit«, das ist das eine, die Inseln der

»zwecklosen Zweisamkeit« sind die andere wesentliche Bedingung, dass die Anfangsintuition, die Vision unserer Liebe, wieder wach wird, sich weiterspinnt, verändert und vertieft.

Die Liebe des Anfangs bleibt nicht von selbst so stark, dass sie uns immer wieder auf solche Inseln zwingen würde. Am Anfang einer Beziehung ist es ja oft das Bedürfnis nach Sexualität, welches die beiden auf solche Inseln lockt. Aber dieses Bedürfnis lässt gewöhnlich, jedenfalls bei einem der Partner, nach, und so muss es gerade umgekehrt laufen: Man muss bewusst solche Inseln aufsuchen, damit Sexualität wieder lustvoll erlebbar wird. Aber es gibt auf dieser Insel auch noch viele andere Plätze: Man kann hier einfach zärtlich sein, sich halten und streicheln oder auch sich gegenseitig vorlesen, miteinander ganz persönlich von Du zu Du reden, miteinander Musik hören oder einfach stille sein. Es ist sogar sehr wichtig, dass in solchen Zeiten Sexualität nicht unbedingt stattfinden *muss.* Sie kann sich einstellen oder auch nicht – und sie wird sich einstellen, wenn das Paar diese Zeit nimmt, um nichts anderes zu tun, als miteinander einfach »da« zu sein.

Wenn es nicht mehr gelingt, solche Zeiten der Zweisamkeit aufrechtzuerhalten oder wieder einzuführen, dann steht es schlecht um die Beziehung, denn dann nützt meist auch die ganze übrige »Beziehungsarbeit« nichts mehr. Umgekehrt aber gilt: Paare, die solche Zeiten kennen und gewohnheitsmäßig Räume dafür geschaffen haben, merken, dass sie sich damit an eine Quelle angeschlossen haben, die ihr ganzes Leben speist. Sie können dann mit großer Gelassenheit auch stressige Zeiten überstehen, in denen sie wenig voneinander haben. Sie haben nämlich dann die Sicherheit, dass die Liebe als Erlebnis sich wieder einstellen wird, wenn sie ihre Insel wieder aufsuchen. Hier nehmen sie den Grundton wieder auf, der alle ihre anderen Aktivitäten in Familie und Beruf durchdringt und zu einem Ausdruck gegenseitiger Liebe macht.

In diesem Prozess wandelt sich die Anfangsintuition der Liebe natürlich. Die Vision wird konkreter, sie entwickelt sich fort, zeigt sich in neuen Variationen. Manches erscheint vielleicht in weniger spektakulärem Licht, von anderem entdecken wir erst den eigentlichen Sinn und die eigentliche Aussage. Das heißt aber nicht, dass sie verloren gehen oder abflachen muss. Es kann sogar sein, dass wir auf diesem Weg überhaupt erst entdecken, was die eigentliche »Idee« unserer Beziehung war.

So muss die Liebe im Laufe der Jahre nicht verschwinden. Die Ursprungsvision des anfänglichen Liebeserlebens wird über die Länge der Zeit hin trotz Durststrecken und unvermeidlicher Krisen mehr und mehr in die Realität übergeführt. Das Kunstwerk wird – allmählich und wenigstens in seinen Grundzügen – sichtbar.

Während ich dies schreibe, drängt sich mir neben dem Kunst-Vergleich noch eine andere Analogie auf: Die Partnerliebe hat auch große Ähnlichkeit mit einem spirituellen Weg. Jeder spirituelle Weg wird als Übungsweg aufgefasst. Dabei gibt es am Anfang immer – mehr oder weniger stark – ein Berufungserlebnis, also ebenfalls eine »Anfangsvision«, die den Menschen auf den Weg bringt. Das Berufungserlebnis der Liebenden ist ihre Verliebtheit, und genau wie ein Berufungserlebnis wird sie als Gnade und Geschenk erlebt. Und genauso wenig kann es dabei bleiben. Alle spirituellen Lehrer weisen ihre Schüler dann auf einen Übungsweg, der nun zu beginnen hat. Dieser beinhaltet immer zweierlei: die Übung des Alltags und die geistliche Übung. Beides gilt als gleich wichtig. Der »Alltag als Übung«[5] ist die Sorgfalt in den täglichen Dingen. Ihr entspricht, was wir über die tägliche Beziehungsarbeit und die Aufmerksamkeit auf den täglichen Umgang miteinander gesagt haben. Die »geistliche Übung« geschieht in einem vom Alltag ausgesonderten Raum, in den Zeiten der Meditation vor allem, während derer der Übende nichts anderes tut, als sich dem spirituellen Erleben zu öffnen, der Erfahrung dessen, was ihm in seinem Berufungserlebnis einst aufleuchtete. Dem entsprechen die »Inseln«, von denen ich gesprochen habe, auf die sich die Partner zurückziehen, um ihrer Liebe auch als geistig-seelisch-körperliches Erlebnis immer wieder Raum zu geben.

Das Liebeserlebnis, von dem wir gesprochen haben, ist etwas Momenthaftes, das immer wieder vergeht. Aber vielleicht kann man sagen, dass dieses Momenthafte den Ablauf der Zeit durchbricht. In diesem Moment stoßen wir in eine zeit-lose Dimension vor. Wenn wir die Beziehung nicht in der beschriebenen zweifachen Weise pflegen, geht diese Dimension wieder verloren. Wenn wir sie aber pflegen – durch »Alltagsarbeit« und »Insel-Rückzug« –, dann taucht dieser zeitlose Moment immer wieder in unserer Zeit auf und erhellt mit seinem Licht das tägliche mühsame Geschäft unseres gemeinsamen Lebens, bis es am Ende vielleicht ganz davon durchdrungen und transparent geworden ist.

Ohne dich kann ich nicht leben – Liebe als Verschmelzung

Außer der Gleichsetzung von Liebe und Liebeserlebnis enthält das moderne, neo-romantische Beziehungsideal auch noch die Auffassung von Liebe als Verschmelzung[6], und zwar als Dauerzustand. Mit Liebe ist ja immer die Vorstellung von »Einswerden« verbunden: »Die beiden werden ein Fleisch sein«, heißt es schon im Schöpfungsmythos der Bibel. Daraus wird im neo-romantischen Beziehungsideal der Anspruch auf Dauer-Verbundenheit, so ähnlich, wie es der Frosch im Märchen zum Ausdruck bringt. Liebhaben heißt für ihn: »An deinem Tischlein neben dir sitzen, von deinem goldenen Tellerlein essen, aus deinem Becherlein trinken, in deinem Bettlein schlafen.« In dieser Vorstellung leben die beiden nicht mehr wie zwei getrennte Wesen, sondern nur noch wie ein einziges.

Gegenüber dieser Einheits-Sehnsucht erscheint »für sich selber sein«, »getrennt sein«, »sich distanzieren« als das gerade Gegenteil zur Liebe und damit als deren Gefährdung. Immer wieder mache ich die Erfahrung, wie Menschen, deren Partner sich ein wenig selbstständig zu machen beginnen, dies als schwere Bedrohung erleben. Das eigene Zimmer, das sich die Frau in der Wohnung einrichtet, vor allem wenn sie darin auch noch ein eigenes Bett aufstellt, erscheint dem Mann schon als die Aufkündigung der Ehegemeinschaft und beunruhigt ihn dermaßen, dass er um eine Paartherapie nachsucht, obwohl er sich bislang hartnäckig gegen das Drängen seiner Frau gewehrt hatte, diesen Schritt zu tun. Ähnliche Ängste löst es aus, wenn ein Partner dem anderen das Ansinnen zumutet, mal alleine in Urlaub zu gehen, und die Umgebung unterstützt dies kräftig, indem sie hinter dem Rücken der beiden munkelt: »Die gehen getrennt in Urlaub – stimmt da etwas nicht mehr?«

Liebe als Dauerverschmelzung, das ist ein sehr verbreitetes und tief sitzendes Beziehungsideal, es wird uns in tausend Schlagern täglich untergejubelt, die Texte der Liebeslyrik seit der Romantik sind voll davon, und die Filme vor allem der 50er bis 70er Jahre, die heute im Fernsehen wieder Hochkonjunktur haben, machen diese Idealvorstellung immer wieder von neuem populär.

Über dieser Liebe steht das Motto: »Ohne dich kann ich nicht leben.« Das will sagen: Wenn ich mit dir nicht mehr vereinigt bin, dann fehlt mir ein wesentlicher Teil meines Selbst. Dieser Satz erscheint vielen Menschen als höchster Ausdruck der Liebe, in Wirklichkeit versetzt er, wenn er ernst gemeint ist, der Liebe den Todesstoß.

Wie kommt es dazu, dass Partner nach diesem Motto zusammenleben? Da, wo die Geschlechterliebe zum ersten Mal erlebt wird, in der Phase der Verliebtheit, erscheint die liebende Verschmelzung als die höchste Erfüllung. In diesem Erleben gehen die beiden ineinander auf. Im Glanz der Liebe verschwimmen die Grenzen zwischen Ich und Du. Dass mich da einer so innig mag, einer, den ich höchst attraktiv finde, das erlebe ich als eine ungeheure Aufwertung meiner Person und als Ausweitung meiner – vielleicht recht eng gesteckten – persönlichen Grenzen. Die Probleme, die ich mit mir selber hatte, scheinen durch das Einswerden mit dem – idealisierten – anderen mit einem Schlag beseitigt. Seine/ihre Buntheit und Farbigkeit werden zu meiner eigenen, sein/ihr Wert wertet mich selber auf. So wird es erlebt, und darum drängt sich Verliebten der Satz auf die Lippen: Ohne dich kann ich nicht leben. Das ist in diesem Moment sicherlich ein gültiger Ausdruck des Erlebens beider. Darum ist in *diesem* Zusammenhang auch gar nichts dagegen einzuwenden.

Problematisch wird dieser Satz allerdings, wenn er als Anspruch über das Stadium der Verliebtheit hinaus für die Partner Gültigkeit behält, also die Idee von Liebe als Verschmelzung auf das gesamte Leben zu zweit ausgedehnt wird. Dann beginnt sich ein äußerst destruktives, ein symbiotisches Beziehungsmuster einzuspielen, das schon vielen Paaren zum Verhängnis geworden ist.

Aus dem Verschmelzungserlebnis wird die Idee, nur als Paar vollständig zu sein. Daraus spielen sich dann ganz bestimmte Gewohnheiten ein: Man beginnt, mit dem anderen die ganze freie Zeit zu verbringen. Keiner von beiden entwickelt ein eigenes Hobby, oder wenn er eins hatte, gibt er es auf. Keiner von beiden pflegt individuelle Freundschaften und unterschiedliche Interessen. Man vermeidet Streit, und wenn es trotzdem mal zum Konflikt kommt, darf darüber die Sonne nicht untergehen, schnell muss man sich wieder versöhnen. Bei Problemen zerbricht einer sich den Kopf des anderen, statt ihm eine Chance zu geben, selber eine Lösung zu finden. Jeder kennt die Gefühle und

Gedanken des anderen und reagiert schon darauf, bevor dieser sie noch geäußert hat. Es gibt keine lauten Töne, oberstes Gebot ist Harmonie, die beiden sind »ein Herz und eine Seele« – das heißt mit anderen Worten, sie leben nicht mehr wie zwei getrennte Personen, sondern wie *ein* Lebewesen.

Dieses symbiotische Muster macht die Beziehung zu einem Gefängnis, zu einem goldenen Käfig. Denn in Wirklichkeit bleiben ja beide – trotz aller Einheit und Einigkeit – zwei getrennte Individuen, und ohne dass es ihnen bewusst sein muss, bringt sich ihre Individualität zur Geltung. Vielleicht geschieht es dadurch, dass ab und zu, wie der Blitz aus heiterem Himmel, für beide unerklärlich heftige Streits ausbrechen, über die dann beide zutiefst unglücklich sind und die sie doch nicht verhindern können. Oder es kann sein, dass die Sexualität nicht mehr lustvoll erlebt wird, einer von beiden beginnt in seiner Erlebnisfähigkeit zu »streiken«, sie wird »frigid« oder er »impotent«, oder – ein immer häufiger auftretendes Phänomen – beide verlieren überhaupt die Lust am Sex und leben – oft jahrelang – wie Bruder und Schwester zusammen. Nur manchmal, weil es dazugehört, schlafen sie miteinander, aber sie tun es eher aus Pflichtgefühl. Da dies meist frustrierend verläuft – kein Wunder, wenn die Versuche so selten geschehen –, gibt es nur wieder neuen Grund, es nicht mehr zu tun. Der Therapeut begegnet dann zwei Menschen, die zwar zart und liebevoll miteinander umgehen, aber dennoch keinerlei erotischen Bezug mehr zueinander haben. Das eigentliche Problem dabei ist, dass sie aufgehört haben, zwei verschiedene Wesen zu sein. Das Ersterben ihrer Sexualität ist ein unbewusster Protest dagegen.

Eine andere Form, in der die Individualität ihren Widerstand gegen die Verschmelzung anmeldet, ist die Entwicklung unerklärlicher Körpersymptome. Allergien, Migräne, Magenbeschwerden oder schwere Depressionen: All dies können solche geheimen Gegenmaßnahmen unseres Unbewussten gegen die Auslöschung unserer Individualität sein.

Die Signale sind deutlich. Allerdings werden sie oft nicht richtig entschlüsselt. Bücher über sexuelle Praktiken werden gelesen und befolgt, Pillen vom Allgemeinarzt werden geschluckt, und komplizierte Behandlungen beim Heilpraktiker werden absolviert. All das bringt vielleicht Linderung, jedoch keine Heilung. Denn solche Maßnahmen – losgelöst von der Gesamtsituation ergriffen – gehen über die eigentliche Sprache des Symptoms hinweg, und darum greifen sie nicht wirklich. Das symbiotische Beziehungsmuster wird durch sie nicht aufgelöst, sondern eher aufrechterhalten und verstärkt. Denn einer oder beide werden dadurch zum Patienten erklärt, und durch die fürsorglichen Bemühungen, die das auslöst, verstricken die beiden sich nur noch mehr ineinander.

Warum nur halten Paare so verzweifelt an der Verschmelzung als Dauerzustand fest? Einmal praktizieren sie damit nur, was der kollektiven gesellschaftlichen Überzeugung entspricht. Denn wer würde das ernsthaft kritisieren wollen, dass sie »ein Herz und eine Seele«« sind? Dass nie einer ohne den anderen auftritt, verstehen doch die meisten Menschen als ein Zeichen besonderer Liebe, ebenso wie den Satz »Ohne dich kann ich nicht leben«. Die Wurzeln dieser Identifizierung von Liebe und Verschmelzung liegen allerdings tief in der individuellen Lebenserfahrung der Partner begründet.

Was sie im Verliebtheitserlebnis erfahren haben, entweder »wirklich« oder als Projektion ihrer Wunschphantasie, hat nicht nur mit diesem Partner und nicht nur mit diesem Moment der Begegnung zu tun. Neben der »progressiven««, nach vorne gerichteten Seite der Vision, von der ich im letzten Kapitel gesprochen habe, gibt es auch eine »regressive«, nach rückwärts gewandte Seite. Dieser Seite schenken wir jetzt vor allem Beachtung. Was in der Verliebtheit erlebt wird, reicht weit zurück, weit über die Person des jetzigen Partners und den jetzigen Augenblick der Begegnung hinaus, zurück in die Anfänge der eigenen Lebensgeschichte. In der Verliebtheit, wie überhaupt in jeder intensiven erotischen Begegnung zwischen Frau und Mann, werden die frühesten Beziehungserfahrungen des Kindes mit den Eltern und vor allem die allerfrühesten des ganz kleinen Kindes mit der Mutter wieder belebt.

Das kleine Kind lebt nach der Geburt noch längere Zeit in enger Symbiose mit der Mutter. Sein Ich ist noch nicht eindeutig abgegrenzt, das Kind erlebt die Mutter wie einen verfügbaren Teil seiner selbst. Wenn man stillende Mütter mit ihren Kindern beobachtet, kann man diese Einheit unmittelbar sehen. Erst in einem allmählichen Prozess lösen sich Kind und Mutter voneinander, wobei über längere Phasen die Möglichkeit einer problemlosen Rückkehr des Kindes in die Symbiose mit der Mutter von größter Wichtigkeit ist, damit dieser Lösungsprozess gelingt.

Natürlich liegt es nicht nur an der Mutter, ob diese symbiotische Phase gelingt und in angemessener Weise gelöst wird. Ob und wie der Vater die Mutter unterstützt, damit sie ganz für das Kind da sein kann, ob und wie der Vater das Kind von der Mutter wegholt, um ihm die Welt zu zeigen, und es wieder zur Mutter zurücklässt, wenn es das will, entscheidet ganz wesentlich mit über die Bewältigung dieser wichtigen Lebensphase. Dass sie aber gelingt, darüber sind sich alle heute einig, ist von entscheidender Bedeutung für das weitere Schicksal des Kindes, vor allem für seine späteren Beziehungen. Wenn das Kind zu früh »auf die eigenen Beine gestellt« worden ist und die Mutter nicht als verlässliche Zuflucht erlebt hat oder aber wenn im Gegenteil das Kind festgehalten und nicht in ein eigenes Leben entlassen worden ist, hat dies Folgen. In solchen Fällen gehen Kinder mit einem Beziehungsdefizit ins Leben hinein. Ohne eine Phase abgeschlossen zu haben, müssen sie sich schon den

Aufgaben der nächsten Phase stellen. So geschieht es häufig, dass Menschen versuchen, in späteren Phasen die früheren nachzuholen. Das heißt in unserem Zusammenhang: Im Geheimen versuchen sie, mit dem Liebespartner das zu erleben, was mit der Mutter nicht ausreichend gelungen ist, nämlich die Mutter-Kind-Symbiose. Das starke Erlebnis der Verliebtheit aktiviert die Sehnsucht nach Verschmelzung mit der Mutter in einem ungeheuren Ausmaß und lässt die Hoffnung erstehen: Jetzt wird es gelingen, hier werde ich sie endlich bekommen, die verschmelzende und doch zugleich ins Leben freigebende unbedingte Liebe.

In einem solchen Fall liegt es sehr nahe, die Beziehung mit dem Liebespartner zu überfordern, zumal dann, wenn auch er ein »verlassenes Kind« ist, das im andern ebenfalls die spendende und fördernde Mutter zu finden hofft. Das gilt sehr oft auch für die Frau. Es ist keineswegs immer so, dass eine Frau, die auf ihren Partner kindliche Wünsche richtet, in diesem eine Vaterfigur sieht. Oft erwartet auch sie vom Mann eine mütterliche Zuwendung, und ihr Wunsch, an der Verschmelzung mit ihm festzuhalten, ist im Kern der Wunsch, die Verschmelzung mit der Mutter nachzuholen oder aufrechtzuerhalten. Darum wählen solche Frauen oft weiblich geprägte Männer – und sind dann später frustriert, keinen »richtigen« Mann zu haben.

Aber der Wunsch nach Verschmelzung ist »unzeitgemäß«. Er kann nicht mehr erfüllt werden. Denn die Zeit des Säuglings und Kleinkinds ist unwiederbringlich vorbei. Diese Gesetzmäßigkeit des Lebens führt die Partner dazu, sich – bewusst oder unbewusst – gegen diesen Wunsch selbst zu wehren. Indirekt sagen sie sich mit ihren Symptomen: »Du bist hier an der falschen Adresse! Was du suchst, ist hier nicht mehr zu bekommen!« Wenn sie die Sprache der Symptome zu verstehen beginnen, löst dies schwere Krisen aus, ja, es wird als Zerbrechen der Liebe erlebt. Aber eigentlich liegt darin eine große Chance. Im Wachwerden symbiotischer Beziehungswünsche wird ja die eigene Geschichte dem Bewusstsein zugänglich und damit auch der Bearbeitung. Freilich wehren sich die Partner oft heftig gegen diese Einsicht. Denn mit ihr zu gehen würde heißen, das Paradies der verlorenen Kindheit, das Paradies der Verschmelzungsliebe, schon wieder zu verlassen, da es doch gerade erst am Horizont aufgetaucht ist. Es würde bedeuten, sich einzugestehen, dass manches in meiner frühen Geschichte vielleicht nicht gut gelaufen ist und dass meine Eltern ihre Begrenztheiten und Unfähigkeiten hatten, die mein Schicksal mitbestimmt haben. Das ist für viele, die auf eine heile Kindheit zurückschauen wollen, eine herbe Einsicht, löst Wut und Trauer aus und führt zu Ernüchterung.

Außerdem würde es bedeuten: Ich muss überhaupt Abschied nehmen von einem Dauerzustand der Verschmelzung, Abschied von dem Wunsch, mein Partner möge mir die entgangene Liebe ersetzen und mich so »erlösen«. Das heißt: Ich bin trotz Liebe und Partnerschaft auf mich selbst zurückgeworfen, bleibe im Kern dennoch auch ein Einsamer und muss mühsam meine eigenen Schritte tun auf dem Weg zur persönlichen Reife.

Damit will ich nicht bestreiten, dass in der Phase der Verliebtheit mit ihrem seligen Verschmelzungszustand tatsächlich so manches Beziehungsdefizit aus früheren Zeiten kompensiert werden kann. Es kann sein, dass ich hier wirklich etwas erfahre, das ich so in keiner anderen Beziehung erlebt habe, und dass daran meine Seele in wichtigen Teilen gesundet und einige ihrer Wunden verheilen. Ich will außerdem betonen, dass es in jeder erotischen Beziehung auch im weiteren Verlauf immer wieder regressiv-symbiotische Verschmelzungsphasen und -momente geben sollte, in denen sich die Partner gegenseitig mütterlich »füttern« und verwöhnen sowie beieinander auftanken wie Kinder in den Armen und an der Brust ihrer Mutter.

Dies aber wird auf Dauer nur möglich sein, wenn sich

beide klar machen, dass diese Beziehung dennoch nicht einfach eine Wiederholung der Mutter-Kind-Symbiose sein kann. Ich bekomme *etwas,* aber nicht alles. Und nur, wenn ich mir bewusst werde, dass ich nicht mehr *alles* bekomme, werde ich das »etwas« dankbar annehmen und heilend erleben können.

Auf jeden Fall muss ich bereit sein, die Idee der Verschmelzung als Dauerzustand fahren zu lassen, so schmerzlich dies sein mag. Schmerzlich erfährt dies übrigens nicht nur derjenige, der ein Beziehungsdefizit aus der symbiotischen Mutter-Kind-Phase in die Beziehung einbringt. Auch für den relativ »gesund« Aufgewachsenen ist Abschied aus der Verschmelzungsphase der Verliebtheit nötig, und auch er erlebt diesen Abschied schmerzhaft. Denn die Verschmelzung mit dem Geliebten belebt ja nicht nur die neurotischen Züge einer nicht gut gelungenen Mutter-Kind-Beziehung, sondern überhaupt die frühe Ursprungssymbiose zwischen Mutter und Kind und damit die Erfahrung jenes paradiesischen Urzustandes, den wir alle erlebt und aus dem wir alle – ob mit mehr oder weniger neurotischen Anteilen – herausgefallen sind. Insofern dieser Urzustand unsere Einheit mit »dem Ganzen« symbolisiert, ist dies außerdem nicht nur eine rückwärts gewandte, regressive Erfahrung. Im Verschmelzungserlebnis der Verliebtheit sowie in der darin wieder belebten Verschmelzung des Kindes mit der Mutter wird »progressiv« vorweggenommen und vorausgeahnt, dass es unsere letzte Bestimmung ist, in diese Einheit mit dem »Ganzen« einmal zurückzukehren. Darin liegt die religiöse Dimension der Verliebtheitserfahrung. Ich werde im letzten Kapitel darauf zurückkommen.

Ob dieses übergreifende Ganze nun Gott, Kosmos, Atman oder Nirwana genannt wird, ist eine Frage des jeweiligen Glaubenssystems. Aber in allen spirituellen Schulen wird in dieser Verschmelzung mit dem »Ganzen« der Endzustand des Menschen gesehen, nach dem unsere tiefste Sehnsucht geht. Nicht nur die Vollgestalt unserer Beziehung leuchtet also in der Verliebtheit auf, sondern unsere Vollendung schlechthin. Darum möchte jeder diesen seligen Zustand festhalten. Aber auch hier gilt: Die Vision darf nicht mit Realität verwechselt werden. Sie ist dazu da, um uns auf den Weg zu schicken, nicht um festgehalten zu werden.

Geschieht dies dennoch, verwandeln wir die Beziehung wie gesagt in einen goldenen Käfig. Die erwähnten Symptome, unter denen das Paar zu leiden beginnt, zeigen allerdings, dass das Paradies bereits ein für alle Mal verlassen ist. Es gibt kein Zurück mehr. Die Hoffnung, in einer Therapie oder Beratung könnte dieser Zustand wieder hergestellt werden, ist häufig, aber illusionär, und führt darum zu Therapie-Abbrüchen. Wenn das Paar bemerkt, dass auch der Therapeut den Engel, der mit dem flammenden Schwert vor dem Eingang des Paradieses steht, nicht mehr vertreiben kann, sind sie ihm böse und bleiben weg. Das Rad kann aber nicht zurückgedreht werden, die Bewegung kann nur weiter nach vorne gehen, und das heißt: in Richtung Auflösung der symbiotischen Einheit, hinein in eine Phase, in der mehr Individualität der Partner im Vordergrund steht. So gesehen sind die erwähnten Symptome – zwanghafter Streit, sexuelle Erlebnisunfähigkeit, psychosomatische Beschwerden – nicht nur Zeichen, dass etwas vorbei ist, sondern werden zu »Vorboten der Veränderung«[7]. In ihnen drängt das Paar selbst unbewusst auf Veränderung von einer mehr symbiotischen zu einer mehr autonomen Liebe.

Individualität, Autonomie, Distanz sind nicht ein Gegensatz zur Liebe, sondern gehören zu ihr dazu. Partnerliebe ist nicht momenthaft immer wieder dasselbe. Sie vollzieht sich in einer Art Pendelbewegung. Phasen und Momente der Verschmelzung müssen von Phasen und Momenten der Distanzierung abgelöst werden, und diese münden wieder in Phasen und Momente der Verschmelzung. Man kann sich nur vereinen, wenn man auch immer wieder seine Getrenntheit erfährt. Man muss einander von Zeit zu Zeit loslassen, damit man sich wieder vereinen kann, und wenn man den anderen immer nur festhält, spürt man ihn auf einmal gar nicht mehr.

Was sich täglich und stündlich in jeder Beziehung als Pendelbewegung zwischen den Polen der Verschmelzung und der Distanzierung vollzieht, ereignet sich auch über die Dauer einer Paarbeziehung hin in bestimmten längeren Phasen. Ich habe andernorts fünf solcher Phasen genauer beschrieben[8], die sich gewissermaßen spiralförmig im Leben eines Paares immer wieder wiederholen. Einer Phase der Verschmelzung in der Verliebtheit folgt eine Phase des Widerstands gegen die Verschmelzung, die sich oft in den erwähnten zunächst unerklärlichen Streitigkeiten und anderen Symptomen zeigt. Wenn das Paar hier nicht stehen bleibt, tritt es in eine dritte Phase ein, in die Phase der Distanzierung. Hier wird die Auflösung der Symbiose nötig, und die Autonomie der Partner tritt als Aufgabe in den Vordergrund. Wird diese Phase erfolgreich durchschritten, kann eine weitere, eine vierte Phase beginnen, die Phase vorsichtiger Wiederannäherung. Diese mündet schließlich in eine Phase der neuen Vereinigung auf einer reiferen Stufe. Diese fünfte Phase ist wieder eine Phase der Verschmelzung, allerdings mit mehr Autonomie und persönlicher Reife, als dies in der Verliebtheitsphase der Fall war. Die Pendel- oder Spiralbewegung des Lebens geht jedoch weiter, und so wird die fünfte Phase gleichsam wieder zu einer ersten, der eine zweite, dritte und so weiter folgen, bis allmählich ein Ausgleich gefunden wird zwischen Verschmelzung und Autonomie und beide nicht mehr als Gegensatz erscheinen, sondern sich einer Synthese, einer »Vereinigung der Gegensätze« annähern. Partnerliebe vollzieht sich also prozesshaft in der Bewegung zwischen den beiden Polen »Ich« und »Du«, Autonomie und Verschmelzung.

Es ist freilich ein großes Glück, wenn ein Paar eine innige Verliebtheitsphase erlebt hat, in der beide sich so intensiv aufeinander einlassen konnten, dass ihre individuellen Grenzen verschwammen und sie »ein Fleisch« wurden. Eine solche Erfahrung kann für ein Paar eine solide emotionale Basis sein, die auch in schweren Zeiten trägt, und sicherlich haben es Paare zuweilen schwerer, die eine solche Verschmelzungsphase niemals erlebt haben. Natürlich ist es außerdem nötig, wie im ersten Kapitel dargelegt, solchen Verschmelzungserfahrungen auch immer wieder Raum zu geben, denn sie sind gleichsam der Dünger, der unsere Beziehung immer wieder nährt. Aber nur mit Dünger gedeiht ein Garten auch nicht. Genauso nötig hat er, dass der Boden durchgearbeitet, Wucherndes weggeschnitten, der Rasen gelüftet, das Unkraut ausgerissen wird. Dies geschieht in einer Beziehung in den Phasen der Distanzierung, in denen die Abgrenzung und die Autonomie des Einzelnen in den Vordergrund rückt. Auch solche – unangenehmen – Maßnahmen sind nötig, damit das Wachstum nicht blockiert und was wächst, nicht erstickt wird.

Vor allem Paare, die lange Zeit an der Vorstellung von Liebe als Dauerverschmelzung festgehalten haben, müssen lernen, solche Distanzierungsphasen bewusst herbeizuführen, damit der andere Pol der Beziehung, das »Ich«, die Autonomie, zur Geltung kommt. Deshalb will ich jetzt noch genauer auf die Frage eingehen: Wie können solche Distanzierungsphasen eingeleitet und gestaltet werden?

Oft erkennen Paare noch gar nicht, dass Distanzierung und Autonomie in ihrer Beziehung »dran« sind. Symbiotische Paare mit sexuellen Problemen oder heftigen Streitausbrüchen möchten eher mehr zusammenrücken, als auf Distanz gehen, und es ist manchmal für sie sehr schwierig, vom Therapeuten zu hören: »Ihr seid viel zu nah zusammen!« Wie können sie zu nah beisammen sein, wo sie doch ohnehin nur streiten? Ein solches Paar muss zunächst begreifen, dass der Streit gerade eine Form des Klammerns aneinander ist.

Wenn das Paar verstanden hat, dass es zu sehr aneinander festhält, gilt es als Nächstes zu verstehen, dass ein Auseinanderrücken noch keine Trennung bedeutet. Vielmehr muss verstanden werden, dass es der Entwicklung der Autonomie und Individualität dient, die jeder von beiden braucht, damit die Beziehung weiterleben kann.

Der nächste Schritt ist, herauszufinden, wie viel Distanz jeder braucht, um in der Beziehung zur Entfaltung zu kommen und zu lernen, dem anderen ein echtes Gegenüber zu sein. Solche Freiräume müssen dann definiert und regelrecht ausgehandelt werden. Konkrete Möglichkeiten dazu gibt es für die meisten Paare heutzutage genug. Weder durch die Wohnverhältnisse noch durch den materiellen Überlebenskampf sind die meisten von ihnen heute so aneinander gekettet, dass Spielraum für solche Maßnahmen fehlen würde.

Es kann schon viel getan sein, wenn ein Partner lediglich ohne den anderen eigene Initiativen und Aktivitäten zu entfalten beginnt. Es kann aber auch nötig sein, dass sie im Haus räumlich Distanz schaffen durch getrennte Zimmer und getrennte Betten, es kann sogar gut sein, vorübergehend für eine bestimmte, festgelegte Zeitspanne auseinander zu ziehen – ohne dass dies mit Krach und Verletzungen abgehen müsste. Solche Trennungen sollen Besinnungspausen sein, die man um der Entwicklung willen gemeinsam vereinbart.

Ob mit oder ohne äußere Trennung – als nützlich hat sich auf jeden Fall erwiesen, dafür eine Zeitperspektive – Spielraum im zeitlichen Sinn! – einzuführen. Man vereinbart Experimentier-Zeiträume, in denen keiner der Partner eine endgültige Trennungsentscheidung über die Beziehung fällt, die er aber intensiv für sich und seine Entwicklungsaufgaben nutzt und nach deren Ablauf man Bilanz zieht, um zu sehen, wo man steht.

Dass solche Distanzierungsphasen – vor allem wenn die

vorangehende Verschmelzungsphase viel zu lange aufrechterhalten wurde – unter Umständen bis zu einer zeitlich vereinbarten auch äußeren Trennung gehen können, ist nun freilich für manchen ein schockierender Gedanke. Ich bin jedoch überzeugt: Wenn Paare häufiger davon Gebrauch machen würden, müssten sie sich seltener ganz scheiden. Denn meistens scheitern Beziehungen nicht an zu viel Distanz, sondern am Anspruch auf zu viel Nähe. Statt sich der Herausforderung zu stellen, in eine Phase der Distanzierung einzutreten, trennen sie sich lieber ganz, um sich aus der Phase des Widerstands wieder in eine symbiotische Verschmelzung mit einem neuen Partner zu retten – und um über kurz oder lang dasselbe wieder zu erleben.

Das müsste nicht so sein. Wenn Paare öfter bereit wären, sich innerhalb der Beziehung zu trennen, würden sie sich wieder treffen in einer neuen Phase der Vereinigung auf einer reiferen Stufe. Wenn sie es riskieren und aushalten würden, dass sie und ihr Partner zu gewissen Zeiten eigene Wege beschreiten müssen, wäre eine endgültige Trennung viel seltener nötig.

Wenn ein Paar eingesehen hat, dass es notwendig ist, einander loszulassen, wenn es also aus der Phase der Verschmelzung über die Phase des Widerstands an den Beginn der Distanzierungsphase gelangt ist, worauf kommt es dann an? Immer geht es in irgendeiner Form um die Bedürfnisse des Individuums, die nun in den Vordergrund treten. Darum gebe ich in der Therapie Paaren, die diese Phase erreicht haben und willens sind, sie zu durchleben, immer verschiedene Aufgaben, die das Individuum und seine Autonomie betonen. Meist sind dies Aufgaben aus folgenden Bereichen:

1. Den Partner aus seiner Quasi-Mutter-/Vater-Rolle entlassen und für sich selber sorgen lernen. In symbiotischen Beziehungen haben die Partner immer den Anspruch an-

einander, dass der andere sich ihnen gegenüber wie ein Vater/eine Mutter verhält. Für den Mann ist es zum Beispiel selbstverständlich, dass er sich bei seiner Frau ausjammern kann, wann immer er frustriert ist, dass sie für ihn Arzttermine macht und ihm die Kleider einkauft. Die Frau wiederum geht selbstverständlich davon aus, dass der Mann sich um ihr Auto kümmert und ihr das Geld »zuteilt«. In die Distanzierungsphase einzutreten heißt, den Partner aus dieser selbstverständlichen Vater/Mutter-Rolle zu entlassen und selbst die Verantwortung für sich und seine Angelegenheiten zu übernehmen. Der Mann beginnt zum Beispiel, sich um sein leibliches Wohl, seine Bekleidung und seine Gesundheit selbst zu kümmern, und die Frau überlegt selbst, wie viel Geld sie braucht und wie es einzuteilen ist. Dies sagt nichts gegen eine pragmatische Arbeitsteilung. Es beschreibt nur eine andere Haltung: Ich setze nicht mehr selbstverständlich voraus, dass der andere schon für mich denken wird. Ich beginne, mich selbst zuständig zu fühlen. Männern fällt dies oft schwer, wenn es um die »inneren Angelegenheiten«, die Beziehung und ihre eigene »Seele« geht, Frauen dagegen haben oft Mühe, die Verantwortung für »äußere Angelegenheiten« wie Auto, Geld, Zukunftsplanung zu übernehmen. In der Regel erleben es Partner als einen sehr befreienden Schritt aus der Unmündigkeit heraus, wenn sie sich nun um ihre Angelegenheiten selbst zu kümmern beginnen, abgesehen davon, dass sie den anderen in seiner Überverantwortlichkeit damit erheblich entlasten.

2. Die rechte Beziehung zu den eigenen Eltern herstellen. Symbiotische Paare übertragen auf den Partner, was sie insgeheim von den eigenen Eltern fordern. Insofern spielen dabei immer ungeklärte Probleme mit den eigenen Eltern eine Rolle. Je mehr dieses Verhältnis geklärt wird, desto mehr wird der Partner entlastet und desto mehr löst

sich die Symbiose auf. Immer wenn Partner sich gegenseitig mehr loslassen und ihre Verschmelzungsphantasien aufgeben, werden unerledigte Geschäfte mit den eigenen Eltern deutlich und drängend. Also müssen diese unerledigten Geschäfte angegangen werden. Es geht dabei in unterschiedlichem Ausmaß um zwei Aufgaben: die Kindrolle den eigenen Eltern gegenüber aufzugeben und auf einer erwachsenen Ebene mit den Eltern wieder »normale Beziehungen« herzustellen. Das Erste ist mehr eine Aufgabe der Abgrenzung, das Zweite mehr die der Versöhnung. So kann zum Beispiel einem Mann deutlich werden, dass er im Familienbetrieb seinen Eltern gegenüber noch immer die Rolle des Sohnes spielt und damit nicht der erwachsene Partner seiner Frau geworden ist. Er entschließt sich, mit seinen Eltern diese Angelegenheit zu regeln, und dies führt vielleicht zu einer neuen Bestimmung der Eigentumsverhältnisse und der Zuständigkeiten. Er setzt durch, nun wirklich der Chef im Betrieb zu sein. Das ist die Aufgabe der Abgrenzung und das Verlassen der Kindrolle.

Die Aufgabe der Versöhnung kann dann darin bestehen, dass er anerkennt, was er von seinen Eltern bekommen hat und dass er sein Erbe als würdiger Nachfolger seiner Eltern antritt, dass er sich außerdem um deren Wohlergehen im Alter kümmert und alle dazu nötigen Maßnahmen mit ihnen aushandelt und einleitet. So löst er sich ganz konkret aus der Rolle des Sohnes und wird ein erwachsener Mann, der auch seiner Frau ein wirkliches Gegenüber sein kann. Er hat die Auseinandersetzung an die richtige Stelle gebracht und sie hier zu einem konstruktiven Ende geführt. Diese Auseinandersetzung habe ich in meinem Beispiel als einen ganz konkreten, auch äußeren Vorgang geschildert. Wichtig dabei ist freilich der innere Prozess. Auf ihn kommt es vor allem an. Der äußere Kontakt mit den Eltern, wenn sie noch leben, kann hilfreich sein, ist aber nicht notwendig. Auch wenn sie bereits tot sind, geht es um dasselbe: den inneren Anspruch, den Eltern gegenüber noch das Mädchen und der Junge zu sein, aufzugeben, die Eltern als Eltern anzuerkennen und mit ihnen Frieden zu schließen. Es kann sein, dass mancher sich dazu nicht in der Lage fühlt. Dann ist therapeutische Hilfe angesagt. Denn wenn wir an einer Trotz- oder Abhängigkeitsposition zu unseren Eltern festhalten (was ein und dasselbe ist), verwickeln wir notwendigerweise unseren Partner in eine symbiotische Ersatzposition, vermischen die Paarbeziehung mit der Elternbeziehung und töten damit die erwachsene Liebe.

3. Eine positive Beziehung zum eigenen Geschlecht herstellen. Partner in symbiotischen Beziehungen haben oft ein problematisches Verhältnis zu ihrer eigenen Geschlechtlichkeit. Frauen fühlen sich nicht wirklich weiblich und Männer nicht wirklich männlich. Das rührt daher, dass sie ihr eigenes Leben nicht wirklich in Besitz genommen haben. Die Person des einen verschwimmt mit der Person des anderen. Das hängt wiederum damit zusammen, dass beide ja noch in einer Quasi-Kind-Position leben, die auf den anderen wie auf eine Elternfigur bezogen ist. Darum wird es für viele in dieser Phase eine wichtige Aufgabe, sich selbst als Frau und als Mann zu entdecken und anzunehmen. Je nach Situation kann es dafür verschiedene Wege geben. Es kann darum gehen, die eigene männliche oder weibliche Körperlichkeit neu zu entdecken. Frauen haben ihren Körper oft ausgeblendet und werten ihn ab. Es hilft ihnen, wenn sie sich aufmerksam im Spiegel betrachten, wenn sie beginnen, die tabuisierten Körperzonen liebevoll anzuschauen und zu berühren. Männer haben zwar auf den ersten Blick da oft weniger Probleme, aber wenn man genauer hinsieht, entdeckt man oft eine bestürzende Leibfeindlichkeit: Sie behandeln ihre Körper wie Maschinen. Die körperliche Betätigung, zum Bei-

spiel Fußballspielen oder Joggen, ist sehr oft ein aggressiver Gewaltakt gegen ihren Körper. Sie leben über das feinere Spüren einfach hinweg. Was sie lernen müssen, ist ein sanfter Umgang mit ihrem Körper, zum Beispiel durch Atem-, Entspannungs- und Bewegungsübungen.

Das Gefühl, mit sich als Frau/als Mann identisch und auch ohne den andersgeschlechtlichen Partner »vollständig« zu sein, kann außerdem sehr gefördert werden durch freundschaftlichen Kontakt zu Gleichgeschlechtlichen. Hier haben Frauengruppen und Männergruppen schon viel Gutes geleistet, ebenso kann der Aufbau und die Pflege von einzelnen Männer- und Frauenfreundschaften wichtig sein. Beides hilft, sich des eigenen Geschlechts bewusst zu werden und es in der Solidarität mit anderen Gleichgeschlechtlichen anzunehmen. Vor allem von Männern aus symbiotischen Verschmelzungsbeziehungen höre ich immer wieder, wie gut es ihnen tut, zu anderen Männern einmal keine Konkurrenzbeziehung zu haben und im Kontakt mit ihnen nicht nur »sachlich« zu sein, sondern sie als Ratgeber, Spielgefährten und Gesprächspartner zu erleben. Dabei finden sie sich selbst als Männer neu und erfahren es als Befreiung, nicht mehr in allem und jedem, was sie persönlich betrifft, auf die Frau als ihre »bessere Hälfte« angewiesen zu sein.

4. Sich selbst als Individuum entdecken und seine eigene Welt aufbauen. Wir haben von der Notwendigkeit gesprochen, im Strom des Alltags eine Insel der Gemeinsamkeit zu errichten. Für symbiotische Paare ist es mindestens genauso wichtig, dass jeder der beiden Partner entdeckt, dass er auch eine eigene Insel hat und braucht, eine Insel, die nur ihm gehört, die seine Welt ist, nur seine, auch nicht die seines Partners. Es ist die Insel, auf die er sich zurückziehen kann. Das kann eine Vorliebe für ein bestimmtes Interessengebiet sein oder eine Bastelei, Musikpflege oder ein individueller Freundeskreis und vieles

mehr. Manchmal kann er – als Gastgeber – den Partner auf diese Insel einladen, aber die Insel bleibt die seine, der Partner ist hier nur Gast!

Bei symbiotischen Paaren erschrickt man oft über den totalen Mangel an Eigenleben der Partner. Bei Frauen äußert sich das oft darin, dass sie in der ganzen Wohnung keinen eigenen Platz für sich haben, aber auch die Männer haben oft nichts wirklich Eigenes, sie funktionieren nur für Beruf und Familie. Das, was sie selber sind, kommt nicht mehr zum Tragen. Die eigene Insel zu entdecken ist oft eine schwierige Aufgabe, sie muss mit großem Einsatz erkämpft werden. Gerade Frauen, die sich jahrzehntelang für die Familie aufgeopfert haben, fällt das manchmal sehr schwer. Sie waren immer nur bezogen auf »ihn« (und die Kinder). Nun sind sie ausgebrannt, die Symbiose »kippt«, wird ein quälender Kampf. Da liegt es nahe, die Schuld an der Misere allein dem Mann in die Schuhe zu schieben, für den sie das alles getan haben. Das ist leichter, als einzusehen, dass es ihre Entscheidung war, über die Jahre hin auf ihre eigene Insel zu verzichten, und es ist leichter, als sich jetzt auf die Suche nach der eigenen Insel zu begeben.

Ich fange bei Partnern, für die dieser Punkt aktuell ist, in der Therapie meist sehr klein an. Ich gebe ihnen die Aufgabe, einen Tag in der Woche als »Tag für sich« zu wählen. An diesem Tag sollen sie dann tun, was sie gerne für sich tun möchten, vielleicht etwas, das sie sich schon lange einmal gewünscht haben, das ihnen aber zu banal oder zu verrückt erschien, um es zu verwirklichen, was sie aber ganz allein, ohne »ihn«, ohne »sie« tun wollen. Oft entdecken sie bei dieser Übung, in welch erschreckendem Ausmaß sie sich in der Beziehung als Individuum verloren haben, aber auch, wie viel unentdecktes Leben in ihnen steckt, um das sie sich nicht gekümmert haben. Schon diese kleine Übung bringt in die überanstrengte Zweisamkeit oft eine wohltuende Lockerung und macht die Partner wieder neugierig aufeinander. Denn nun besitzt der andere wieder ein kleines Quäntchen »Geheimnis«, das ihn interessant macht. Freilich macht sie oft auch Angst, aber in den meisten Fällen überwiegt die Erleichterung darüber, wenn der gegenseitige »Klammergriff« nachlässt. Nach diesem ersten Schritt müssen natürlich weitere folgen, was immer leichter fällt, je mehr die Partner auf diese Weise »Lust auf sich selbst« bekommen haben.

Es geht bei allem, was ich zuletzt geschildert habe, um ein gewisses Maß an Abgrenzung gegenüber dem Partner. Das ist schmerzhaft und muss manchmal gegen große Widerstände durchgesetzt werden. Partner sind in ihrer Entwicklung sehr oft nicht im Gleichschritt. Der eine ist weiter voraus, er ist schon in die Distanzierungsphase eingetreten, der andere sträubt sich, hängt noch in der Widerstandsphase, lässt sich vielleicht nur stückchenweise mitziehen. Das ist mühsam und anstrengend. Aber wenn der Schritt in die Distanzierungsphase dennoch gewagt und das eigene Potenzial entfaltet wird, kann dieses als Reichtum wieder in die gegenseitige Annäherung eingebracht werden. Ich bin in einem volleren Sinn »ich selbst« – und das kommt dann auch wieder meinem Partner zugute. Menschen, die das erkannt haben, wehren sich darum nicht mehr gegen die Abgrenzungs- und Autonomieversuche des anderen, im eigenen Interesse beginnen sie, sich gegenseitig zu unterstützen und zu fördern, wenn jeweils ein neuer Schritt in eine größere Autonomie ansteht. Das heißt, der Übergang von einer Verschmelzungsphase in neue Phasen der Distanzierung muss im Laufe der Zeit immer seltener durch eine mühselige Phase des Widerstands hindurchlaufen. Der Prozess wird immer müheloser, ein lockeres Pendeln zwischen Vereinigung und Trennung, eine spielerische Bewegung – eine Art

Tanz entsteht. Das Zusammenleben wird reicher an phantasievollen »Tanzfiguren«‹, die nicht nur von außen schön anzusehen sind, sondern auch die Tänzer mit Befriedigung erfüllen und ihnen das Gefühl geben, etwas zustande gebracht zu haben.

Natürlich bleibt da immer auch ein Risiko: Je gewagter die Tanzfiguren, desto größer die Gefahr, aus dem Tritt zu kommen und einander zu verlieren. Aber je öfter dieses Risiko eingegangen wird, desto mehr wächst das Vertrauen der Partner, sich wieder neu und tiefer zu finden. Sie wissen immer sicherer, dass sie einander so wertvoll sind, dass sie sich ganz und gar loslassen können, ohne sich zu verlieren.

Kann sich dieser Prozess der Abgrenzung und Annäherung voll entfalten, nähert er sich allmählich einem Zustand an, in dem Verschmelzung und Autonomie nicht mehr als Widerspruch erlebt werden. Jeder von beiden ist ganz bei sich und erlebt sich dennoch auch ganz eins mit dem anderen. Distanzierung und Abgrenzung zerstören also die Liebe nicht, sondern machen sie lebendig und tief.

Ich bin ich – und du sollst für mich da sein! – Liebe als Selbstverwirklichung

Im letzten Kapitel bin ich gegen die Verschmelzungsideologie des neo-romantischen Beziehungsideals »zu Felde gezogen« und habe die Notwendigkeit der Individualität betont. Seltsamerweise gibt es im selben Beziehungsideal auch eine Betonung des Ich, obwohl dies das Gegenteil zur Verschmelzungstendenz zu sein scheint. Das Ich wird im neoromantischen Beziehungsideal nicht nur betont, die Liebe wird sogar zum Inbegriff der Selbstverwirklichung. Das neo-romantische Beziehungsideal gerät sozusagen gleichzeitig in den linken *und* in den rechten Straßengraben. Die Extreme berühren sich. Unmittelbar neben der Idee der Verschmelzung, also des Ineinander-Aufgehens, steht die Vorstellung, dass das Ich in der Liebe zum Partner seine volle Entfaltung und Verwirklichung finden soll. Auch das ist natürlich eine zentrale Erfahrung im Verliebtheitserlebnis:

Dass Du mich liebst, macht mich mir wert,
Dein Blick hat mich vor mir verklärt,
Du hebst mich liebend über mich.
Mein guter Geist, mein bessres Ich!

Dieser Gedanke (Friedrich Rückerts[9]) zieht sich auch durch viele Märchen: Die Liebe der Schönen verwandelt das Untier in einen Prinzen, Dornröschen erwacht vom Kuss des Königssohns zum eigentlichen Leben, der Prinz macht Aschenputtel zu seiner strahlenden Frau …

Dass die Partnerbeziehung auch eine Einschränkung der eigenen Person, eine Einengung oder gar einen Verzicht bedeuten könnte, dieser Gedanke liegt hier völlig fern, ist geradezu ein Gegen-Gedanke zur Liebe. In der Verliebtheit wird der Partner als Zugewinn für das eigene Ich erlebt, die Vereinigung mit ihm als Entgrenzung der eigenen engen Grenzen. Der Liebespartner wird für mich zum Spiegel, in dem ich meine eigene Person in strahlendem Licht sehe. In der Liebe des anderen erscheine ich mir plötzlich selbst höchst liebenswert, und alle Selbstzweifel und Selbstabwertungen scheinen überwunden. Ich erlebe mich in einer ungeahnten, nie zuvor erlebten Lebensfülle. Darum werden Liebe und Selbstverwirklichung gleichgesetzt.

In der Verliebtheit beziehe ich in der Regel den Partner eher auf mich als mich auf den Partner. Es geht weniger um Hingabe an den Partner als um Einverleibung des Partners in das eigene Ich. Die Liebe ist deshalb so faszinierend, weil ich mich durch den anderen so aufgewertet fühle, nicht weil ich so an ihn hingegeben bin. Wieder erkennen wir darin unschwer die symbiotische Liebe des kleinen Kindes zu den

Eltern: Das Kind ist ihnen in so tiefer Liebe zugetan, weil es sie fundamental zum eigenen Überleben braucht. Mit Recht setzt das Kind selbstverständlich voraus, dass es in dieser Liebe der Eltern nur ganz um es, das Kind, geht. Das wird in der Verliebtheit wieder belebt, denn auch der Verliebte glaubt, dass es in dieser Liebe nur ganz um ihn geht.

Wenn diese Erfahrung als Anspruch auf die ganze Partnerbeziehung ausgedehnt wird, führt dies recht schnell in die Krise. Denn der Anspruch auf Selbstverwirklichung in diesem Sinn gerät bald mit den Interessen des Partners in Konflikt. Eine starke Enttäuschung muss sich einstellen, wenn klar wird, dass der andere auch seine Grenzen, Unsicherheiten, Selbstzweifel hat, wenn er dieselbe Ich-Erweiterung durch mich sucht und von mir erwartet, meinerseits seiner Selbstverwirklichung zu dienen. Sie erwartet, dass er für sie da ist, und er erwartet, dass sie für ihn da ist, und beide sind enttäuscht, dass der andere dazu nicht bereit ist. Der, von dessen Liebe man am meisten Lebenserweiterung erwartet hat, wird zur unmittelbarsten Einschränkung, ja Behinderung des eigenen Selbst. Dadurch bekommen die Partner das Gefühl, sich zu verlieren, statt sich zu gewinnen, und je mehr sie sich auf die Beziehung einlassen, umso mehr geht es um den anderen und immer weniger um sie selbst.

In den vergangenen Generationen haben sie außerdem die passenden abschreckenden Vorbilder: Sie kennen die Mütter, die ganz im Dienst für Mann und Kinder aufgegangen sind und sich dabei verloren haben, und die Väter, die immer nur gearbeitet, in der Familie aber ein Schattendasein am Rande gespielt haben. Diese »Liebe des Dienens und Funktionierens« wollen sie gerade nicht haben, denn sie verdient ihrer Meinung nach den Namen Liebe nicht. So wollen sie nicht untergebuttert werden.

Aus dieser Erwartung entsteht eine Dynamik, die meist auf ein Beziehungsmuster endlosen Streits hinausläuft. Derjenige Partner, der es als Erster merkt, dass er in seiner Selbstverwirklichung zu kurz kommt – oft sind das heute die Frauen –, beginnt, seine Bedürfnisse lauthals anzumelden und darum zu kämpfen. Dadurch fühlt der andere sich bedroht, weil ihm scheinbar etwas weggenommen wird, und er beantwortet diese Attacken mit Selbstverteidigung und Gegenvorwürfen: »Nein, nicht ich bin zu keinem Gespräch mehr bereit, das ist nur eine Gegenreaktion auf dich, weil du nicht mehr bereit bist, die einfachsten Dinge für mich zu tun!« Jeder beginnt, sein Ich dem anderen entgegenzusetzen, um zu erreichen, dass der andere sich wieder darum kümmert. Jeder beginnt genau zu prüfen, ob das, was der andere will, auch noch »mit mir und meinen Bedürfnissen übereinstimmt«. Die »Tyrannei der Authentizität«[10] hat das eine Sozialpsychologin genannt, weil eine neue moralische Forderung daraus wird. Denn »wenn es mit mir nicht stimmig ist«, dann »darf« ich gar nicht nachgeben, dann »muss« ich mich verweigern, gemäß den Worten von Fritz Perls, dem Begründer der Gestalttherapie: »Ich bin ich, und du bist du. Ich gehe meinen Weg, und du gehst deinen Weg. Ich bin nicht auf dieser Welt, um so zu sein, wie du mich haben willst. Und du bist nicht auf der Welt, um so zu sein, wie ich dich haben will.«[11] Ein solches Verhalten aber gibt dem anderen nur wieder Gelegenheit, ihm vorzuhalten, wo überall er sich nur noch um sich kümmert und den anderen nicht mehr berücksichtigt.

Diese Dynamik ist gerade bei jungen Paaren häufig. Partnerbeziehung und Selbstverwirklichung geraten hier in einen offenen Gegensatz. Die Paarbeziehung wird zum Feind des Ich und die Dauerbeziehung zum Dauerstreit. In diesem Streit geht es zwar um alle möglichen Themen, aber im Grunde immer nur um ein Anliegen: »Du sollst mir wieder so viel Anerkennung geben wie am Anfang!« Der Streit ist der Versuch, den anderen in eine Art Vater-/Mutterrolle zu zwingen, denn nur Eltern können ihr Kind so anerkennen, wie es hier vom Partner verlangt wird. Dies führt zu Eskalationen, die meist nur durch Abbruch beendet werden können, um am nächsten Tag mit einem anderen oder demselben Thema wieder von neuem aufzuflammen.

In Streitbeziehungen geht es also nicht so sehr um die Macht, wie in der Literatur oft beschrieben wird. Die Macht, den anderen zu bestimmen, dient nur dem Anliegen, den anderen dazu zu bringen, wieder ganz für mich da zu sein, ganz meiner Verwirklichung zu dienen. Wenn man hinter den Waffenlärm horcht und hinter die Rüstung sieht, wirken Streitpaare meist wie kleine, hilflose und verlassene Kinder, die nach einer Mutter schreien, der sie, weil sie sich verweigert, mit allen Mitteln, auch mit Gewalt, die Zuwendung abzwingen wollen.

Paare, die an der Idee festhalten, die Paarbeziehung müsste ihnen ihre Selbstverwirklichung ermöglichen, enden also meist in nicht enden wollenden Streits, die auf die Dauer eine sehr negative Wirkung haben, weil auf diese Weise jede Kooperation auf der Strecke bleibt, denn diese hat zur Bedingung, dass man bereit ist, sich dem anderen auch mal anzuschließen. Es ist dabei völlig sinnlos, das Sachthema des Streits anzugehen und auf Einigung in diesem oder jenem Punkt hinzuarbeiten. Der Inhalt des Streits ist meist nur ein Vorwand für den Kampf und die Anerkennung des eigenen Selbstverwirklichungsbedürfnisses.

Wie steht es aber nun eigentlich mit Partnerliebe und Selbstverwirklichung? Zweifellos hat beides miteinander zu tun. In der Liebe findet das Ich seine Erfüllung, seine Verwirklichung. Aber auf welche Weise? Hier stoßen wir auf ein Grundparadox menschlicher Existenz. Der Mensch findet seine höchste Entfaltung nur in der Selbst-Hingabe. Wer ängstlich an sich selber festhält, geht sich selber am radikalsten verloren. Wer sich selbst hingibt, findet zu seiner Fülle. Das erleben wir schon in ganz einfachen Zusammenhängen: Wenn ich in einer Sache so sehr aufgehe, dass ich mich ganz vergesse, bin ich – so stelle ich erstaunt hinterher fest – am glücklichsten gewesen. Wenn ich von etwas fasziniert bin, zum Beispiel einem Kunstwerk, dann bin ich ganz »bei der Sache«, bin wie »außer mir« und stelle dennoch fest, dass ich gerade dadurch am meisten bei mir gewesen bin und in meinem Selbst am meisten »wirklich« war.[12] Ebenso erlebe ich mich in der Liebe in meinen besten Möglichkeiten, wenn es mir geschenkt ist, selbstvergessen einfach zu geben und ganz beim anderen zu sein. Solche Momente erleben wir als die größte Gnade.

Liebe kommt dann zu ihrer Reife und wird dann im Tiefsten zur Selbstverwirklichung, wenn ich in ihr ganz von mir gelassen habe und ganz beim anderen bin. Die Bewegung des Verliebtheitserlebnisses wird also geradezu umgekehrt: der andere wird nicht mehr auf mich bezogen, sondern ich beziehe mich bedingungslos auf den anderen. Vielleicht hat Bertolt Brecht das gemeint, wenn er dichtete:

> Ich will mit dem gehen, den ich liebe.
> Ich will nicht ausrechnen, was es kostet.
> Ich will nicht nachdenken, ob es gut ist.
> Ich will nicht wissen, ob er mich liebt.
> Ich will mit ihm gehen, den ich liebe.[13]

Liebe und Selbstverwirklichung haben viel miteinander zu tun, denn letztlich verwirklichen wir uns nur in der Liebe, aber diese kostet uns die Selbst-Hingabe.

Die Bewegung ganz von mir weg, ganz auf den anderen hin ist aber wiederum etwas, was nicht einfach da ist, sondern eingeübt werden muss in einem langen »Übungs-Prozess«. Am Anfang – im Liebeserlebnis – wird mir beides manchmal »frei Haus« geliefert: Hingabe *und* Selbstverwirklichung. Aber ich muss – von neuem ist es zu wiederholen – diesen Anfang aufgeben, um allmählich zu verstehen, wie beides »wirklich« zusammengehört. Ich muss zunächst lernen, dass Hingabe nicht mit Selbstaufgabe gleichgesetzt werden darf, wie wir das oft bei unseren Vätern und Müttern erlebt haben und wie das in der symbiotischen Verschmelzungsbeziehung geschieht, die ich im letzten Kapitel besprochen habe. Hingabe ist nicht Unterwerfung, Funktionalisierung, Selbstentfremdung. Um diesem Missverständnis nicht zu erliegen, braucht es ein starkes Ich. Um mich hingeben zu können, muss ich mich erst selbst besitzen. Deshalb ist die Arbeit am eigenen Individuum, die Abgrenzung, das »Nein *in* der Liebe«[14], von dem wir gesprochen haben, so unaufgebbar wichtig. Wo ich die Tendenz habe, mich »zu unterwerfen«, muss ich mich abgrenzen lernen, um ein starkes Ich zu entwickeln. Dies ist eine Abgrenzung um der Liebe willen, denn nicht als Sklave, nur als Freier kann ich mich hingeben. Gerade wenn ich in der Beziehung die Erfahrung mache, dass der andere nicht immer für mich da ist, kann diese Enttäuschung der erste Anlass werden, der diesen Prozess in Gang setzt. Wenn meine Frau aus irgendwelchen Gründen mir das Abendessen nicht auf den Tisch gestellt hat, wenn ich heimkomme, kann ich es, statt ihr Vorwürfe zu machen, selber zubereiten und dadurch ein Stück Autonomie gewinnen. Oder wenn mein Mann zu müde ist, um am Abend mit mir ein persönliches Gespräch zu führen, kann ich, statt ihm Vorwürfe zu machen, eigene Kontakte aufbauen und mit anderen Menschen meine Sorgen und Nöte besprechen und damit ein Stück Autonomie gewinnen. Da, wo die Grenzen des Partners deutlich werden, mir zu meiner Selbstverwirklichung zu verhelfen, kann ich das zum Anlass nehmen, selbst dafür Verantwortung zu übernehmen. Dies schafft Distanz, aber eine, die Voraussetzung jeder Hingabe ist.

Das Üben der Abgrenzung und der Sorge um die eigenen individuellen Bedürfnisse ist das eine. Aber allein reicht es nicht aus. Wenn ich mich darauf allein konzentriere, werde ich entweder doch irgendwann in das geschilderte Streitmuster hineingeraten, oder ich werde auf die Dauer den anderen aus den Augen verlieren, und mein Weg wird mich anderswo hinführen.

Das andere, das es außerdem braucht, ist das Einüben der eigentlichen Hingabe. »Hingabe« ist ein großes Wort. Es mit »Einüben« in Verbindung zu bringen erscheint unangemessen. Was ist aber konkret damit gemeint? Es geht vor allem um zwei Dinge:

1. Menschen, die von der Liebe des anderen ihre Selbstverwirklichung erwarten, sehen den anderen als anderen gar nicht. Dies trifft auch dann noch zu, wenn sie die Phase der Verliebtheit schon längst hinter sich haben und sich – in der Widerstandsphase – in das geschilderte Streitmuster verwickelt haben. Der andere wird dann immer noch eigentlich als Teil meiner selbst gesehen, dem ich kein Eigenleben zubillige, darum streite ich mich ja mit ihm. Paare, die in den Liebe-Selbstverwirklichungs-Streit verwickelt sind, sehen sich gegenseitig in ihrer Individualität nicht. Jeder von beiden ist in sein eigenes Ich verstrickt. Einen ersten Schritt als Voraussetzung zu einer möglichen Hingabe kann es darum bedeuten, den anderen überhaupt erst als anderen in den Blick zu bekommen. Paaren, bei denen ich feststelle, dass einer den anderen nur auf sich bezieht, gebe ich manchmal folgende Aufgabe: Sie sollen einmal in der Woche ein Gespräch miteinander führen, das nach strengen Regeln abläuft. Der eine erzählt von sich, der andere hört nur zu. Der eine ist sozusagen Gastgeber, er lädt den anderen zu sich ein und »zeigt ihm seine Welt«. Der andere ist nur Gast, hört zu und sieht sich diese Welt mal an. Höchstens Nachfragen sind erlaubt, aber kein »In-Frage-Stellen«, keine Erwiderung, kein Einwand. Das nächste Mal führen die beiden das Gespräch mit vertauschten Rollen. Wird diese Übung so durchgeführt, kann dies ganz erstaunliche Wirkungen

haben. Zum ersten Mal merken die beiden, dass sie wirklich zwei verschiedene Wesen sind, und manchmal sagen sie: »Ich habe nicht gedacht, dass du so verschieden von mir bist.« So kann es sein, dass sie sich auf diesem Wege ganz neu kennen lernen. Vielleicht gewinnen sie zum ersten Mal in ihrem Leben ein wirkliches Interesse am anderen als *anderem*. Bisher haben sie ihn ja immer nur bezogen auf sich selbst gesehen, nicht als ein eigenständiges Wesen. Hingabe einüben besteht also zunächst darin, Aufmerksamkeit für das Anders-Sein des anderen zu erwerben und von den eigenen Vorstellungen und Wünschen einen Augenblick lang wenigstens absehen zu können.

2. Der zweite Schritt, Hingabe zu üben, ist dann, sich vom anderen in seine Welt *hineinführen* zu lassen. Konkret lasse ich Paare dies folgendermaßen üben: Jeder bekommt die Aufgabe, im Laufe der Woche einmal eine Initiative für eine gemeinsame, möglichst lustvolle Unternehmung zu ergreifen, zu einem gemeinsamen Kinobesuch oder einem gemeinsamen Essen und Ähnlichem. Der andere wird aufgefordert, sich dieser Initiative anzuschließen, ohne Einwände zu erheben. Er soll einfach mitmachen, was der andere vorschlägt, und er soll so mitmachen, wie er weiß oder es ihm der andere sagt, dass er es sich von ihm wünscht. Diese Übung fördert zunächst ebenfalls die nötige Aufmerksamkeit auf den anderen. Denn bemerke ich überhaupt, wann mein Partner seine Initiative startet? Manchmal ist es schon vorgekommen, dass es glatt übersehen wurde! Dann geht es aber vor allem auch darum, eine zwanghafte »Selbstbehauptung« aufzugeben und sich – probeweise sozusagen – dem anderen anzuschließen und sich an einem konkreten Punkt in seine Welt »hineinnehmen« zu lassen. Ich probiere mal aus, was passiert, wenn ich einfach »mitmache«. Ich habe selbst bei derartigen Versuchen von »Selbstaufgabe«

schon viel Schönes erlebt. Ich bin zwar im Moment »über mich weggegangen«. Aber es hat keineswegs zum Ich-Verlust geführt. Im Gegenteil: Im »Mich-Einlassen« auf die Initiative des anderen haben sich die Grenzen meines Ichs erweitert, habe ich Spaß und Freude erlebt, um die ich mich mit verbissener »Authentizität« glatt gebracht hätte. Manche Paare machen dabei eine fundamentale neue Erfahrung: Ich verliere mich nicht, im Gegenteil, ich gewinne. Obwohl ich mich dem Partner »zur Verfügung« stelle – welch grässliche Vorstellung für Selbstverwirklichungs-Paare! –, bringt es mir Freude und Glück! Selbstverwirklichung durch Selbstaufgabe – wer hätte das gedacht! So soll die Übung den Kreislauf des Zwangs, sich gegenseitig zu behaupten, durchbrechen. Sie soll die Erfahrung nahe bringen, dass ich mich von den engen Grenzen meines Ichs befreien kann, wenn ich mich auf die Welt des andern einlasse.

Natürlich kann Hingabe auch in weniger strukturierter Form und in vielen Variationen ausgeführt werden. Es kommt nur darauf an, bewusst zu üben und statt um meiner Selbstverwirklichung willen *gegen* die Bewegung des anderen zu gehen, mich in diese Bewegung hineinzugeben. Dies kann auch dadurch geschehen, dass sich die Partner bewusst vornehmen, Zustimmung zum anderen deutlich zum Ausdruck zu bringen. Statt nichts zu sagen (schwäbisch: »Wenn i nix sag, isch's recht!«), sage ich laut und deutlich: »Ja, da hast du Recht!«, »Ja, ich stimme dir darin zu!« Solche kleinen Sprachwendungen, bewusst eingesetzt, durchbrechen den Kreislauf des zwanghaften »Ich gegen Ich« und haben oft geradezu wundersame Wirkungen auf die Entspannung einer Streitbeziehung.

Die Übung kann auch darin bestehen, dass einer von beiden bewusst in eine »untere Position« geht. Damit ist gemeint, dass er übt, den anderen mal um etwas zu bitten, ihn mal um einen Rat zu fragen und so weiter. Damit lasse ich den anderen in eine führende Rolle, in eine Geberposition und wähle für mich die Position dessen, der sich anschließt und entgegennimmt. Das ist die Methode der »einseitigen Abrüstung« in Paarbeziehungen. Damit ist der Kampf durchbrochen, der andere bekommt von mir Anerkennung, nach der er so sehr verlangt, und ein positiver Kreislauf kann in Gang kommen.

Oft wird hier – natürlich wieder aus der »Authentizitäts-Ecke« – der Vorwurf erhoben, bei solchem Verhalten handle es sich um »Tricks«. Natürlich können solche Vorschläge manipulativ eingesetzt werden. Auf etwas bewusst zu achten und es einzusetzen, wo es konstruktiv ist, ist jedoch kein Trick. Es ist bei weitem nicht alles schon deshalb gut, weil es »spontan«, und deshalb schlecht, weil es wohl überlegt ist. »Aus dem Bauch« kann auch viel Mist kommen, und der Kopf kann manchmal sehr segensreiche Wirkungen erzielen. Wir wissen alle, dass wir spontan auch sehr viel Destruktives machen, weil spontan eben auch alles Destruktive einrastet, das wir aus unserer Geschichte mit uns schleppen. Darum ist ein Unterbrechen der Spontaneität in diesem Fall keineswegs destruktiv. Bewusst in die »untere Position« zu gehen kann vielmehr die ersehnte Entspannung einleiten.

Wenn Paare solche kleinen Schritte gemacht haben, bekommen sie dann vielleicht Mut, auch Riskanteres zu üben und vielleicht sogar über den eigenen Schatten zu springen. Der Mann, der sich bisher mit Händen und Füßen gesträubt hat, einen Tanzkurs mitzumachen, entschließt sich vielleicht dazu. Und siehe da: Nach einiger Zeit beginnt es ihm Spaß zu machen. Am Ende hat er eine neue Welt, ein Stück Welt, das bisher nur seine Frau kannte, für sich dazugewonnen. Und die Frau, die nie Lust hat, mit ihm zu schlafen, lässt sich probeweise trotzdem mal auf die Werbung ihres Mannes ein. Und siehe da: Nach einiger Zeit regt sich auch in ihr etwas, und es wird ein ausgesprochen sinnlich-lustvoller Abend. Sie hat sich auf die Welt des Mannes eingelassen und findet sich bereichert und beglückt.

Es ist also nötig, nicht nur »auf sich zu achten« und darauf, ob es »für mich stimmt«. Wenn ich nur diese Seite übe, kann es sein, dass ich mich ganz und gar in mich verstricke. Darum ist es sinnvoll, sich mit Behutsamkeit und wachen Sinnen, aber durchaus auch risiko- und experimentierfreudig auf das einzulassen, was für den anderen stimmt.

So übt man Hingabe und entdeckt, dass darin Selbstverwirklichung liegt.

Freilich sind dies keine Patentrezepte. Solche »Übungen« können mich auch erkennen lassen, dass ich tatsächlich in der Welt des anderen nichts verloren habe. Ich kann durch sie Hingabe nicht erzeugen oder erzwingen. Es kann sich gerade auch herausstellen, wie fremd mir in Wahrheit der andere ist, dass unsere Verliebtheit auf einem Missverständnis beruhte und dass es besser ist für uns, wenn wir getrennte Wege gehen. Hingabe ist nicht machbar, sie wird letztlich nur gelingen, wenn es uns geschenkt ist. Allerdings können solche Übungen die Barrieren, die einer vor dem anderen unnötigerweise aufgerichtet hat, überwinden.

Auch am Ende dieses Kapitels »Liebe und Selbstverwirklichung« müssen wir sagen: Was uns am Anfang einer Liebesbeziehung ohne unser Zutun geschenkt erscheint, nämlich die Erfahrung einer strahlenden Selbstverwirklichung, ist nicht schon ihre Realität, sondern Vorausahnung, Vision. Wir müssen dieses unser Selbst erst wieder verlieren lernen, um es dann wirklich zu gewinnen.

Du bist mein Ein und Alles – Liebe als Totalanspruch

In allem, was ich bis jetzt über die Partnerliebe gesagt habe, hält sich noch eine weitere Idee verborgen, die in ihrer Wirkung destruktiv ist, nämlich die Idee, der Liebespartner müsste meinem gesamten Beziehungsbedürfnis genügen, und das für immer. Auch diese Idee führt uns ein weiteres Mal zur Erfahrung der Verliebtheit zurück. Verliebte genügen sich selbst, schließen sich von allen anderen ab, wollen nur miteinander sein, und das ist gut und in Ordnung so. Dieses »Sich-Genügen« wird aber von vielen über die Phase der Verliebtheit hinaus als Anspruch festgehalten. Dies hat auch geschichtliche und gesellschaftliche Gründe.

Abgesehen davon, dass in früheren Zeiten der Partnerliebe überhaupt kein Eigengewicht und keine eigene Bedeutung zugebilligt wurde, war sie in vielfältiger Weise in andere Bezüge eingebunden, in erster Linie in die Großfamilie, in deren Schoß das Paar mit seinen Kindern lebte. Darüber hinaus gab es die Verbundenheit mit der weiteren Verwandtschaft, mit der Nachbarschaft, mit der Kirchen- bzw. Dorfgemeinde. Diese Bindungen boten zahlreiche Beziehungsmöglichkeiten neben der und über die Beziehung zum Ehepartner hinaus. Diese hatte keine zentrale Bedeutung für den emotionalen Haushalt der Menschen. Die Beziehungen zu den Blutsverwandten waren oft die wichtigsten, niemand fand etwas dabei.

Heute dagegen geraten wir dem generellen Trend nach in das andere Extrem. Viele Paare sind aus ihrem Wurzelboden herausgerissen. Sie leben weitab von ihren Herkunftsfamilien und ihrer Verwandtschaft, und auch wenn dies nicht der Fall ist, sind die jungen Leute, die sich als Paare zusammentun, meist nicht mehr so fraglos ihren Eltern verbunden wie in früheren Zeiten. Der Konflikt der Generationen ist heftig und zieht tiefe Gräben zwischen dem Paar und der Verwandtschaft.

Durch die hohe, beruflich bedingte Mobilität junger Familien bleibt auch die Nachbarschaft fremd. Denn die relativ kurzen Zeiten, die man an ein und demselben Ort verbringt, überfordern oft die Kontaktfähigkeit und den Kontaktwillen des Paares. Die Arbeitskollegen sind tatsächliche oder mutmaßliche Konkurrenten, mit denen man sich lieber nicht zu nahe einlässt. Man ist sich seiner Stellung unsicher und verschanzt sich hinter glatten Fassaden und konventionellen Verhaltens-Klischees. Dazu herrscht ein generelles Klima der Unpersönlichkeit, sowohl im Wohngebiet, wo die Frauen sich mit allgemeinen Floskeln über Haushalt und Kindererziehung gegenseitig auf Distanz halten, als auch in den Betrieben, wo sich ein Kommunikationsstil verkrampfter »Sachlichkeit« oder derber Blödelei und leeren Imponiergehabes eingespielt hat, der den Einzelnen als Person leer ausgehen lässt. Nur zu oft wird die Atmosphäre von Neid, Missgunst und Konkurrenzangst bestimmt. Das führt zu einer Ausdünnung des zwischenmenschlichen Klimas auf reine »Sach«-Beziehungen, die den Menschen hungrig und durstig nach Wärme und Geborgenheit zurücklassen. Das hat natürlich Folgen für das Zusammenleben des Paares. Das gesamte Bedürfnis nach echter Beziehung richtet sich auf den einen, einzigen Partner. Von ihm wird erwartet, dass er das Loch, das tagsüber entstanden ist, am Abend, wenn man sich wieder trifft, nun endlich auffüllt.

Dabei geht es den Männern meist um mütterlich-warmes Versorgt-Werden und im Bett um Sexualität (und die ist oft nur eine andere Form mütterlichen Versorgt-Werdens), und den Frauen geht es um gefühlvolles, nahes Gespräch und »absichtslose« Zärtlichkeit. Jeder will vom anderen etwas, was ihm eher schwer fällt, und überhaupt fühlen sich beide gar nicht in der Lage, etwas zu geben, weil sie selber so bedürftig sind und lieber nehmen als geben wollen. So stehen sie mit leeren Händen voreinander, und jeder erwartet, dass er sie vom anderen gefüllt bekommt. Das Paar-Muster »Zwei hungrige Kinder« spielt sich ein.

Die gegenseitige Bedürftigkeit zehrt die Beziehung aus. Man beginnt, sich Vorwürfe zu machen: »Du redest nie mit mir«, oder: »Du verweigerst dich mir«, oder: »Immer dieses ewige Gequassel und Problematisieren von allem und jedem«, oder: »Du willst ja immer nur das eine!« So kann es geschehen, dass hinter der tadellos aufrechterhaltenen Fassade ein grausamer Kampf zu toben beginnt, der die letzten emotionalen Reserven verbraucht.

Es bieten sich für die meisten zwei Auswege an: Der eine ist, zu resignieren. Die in der Paarbeziehung erhoffte Oase der Menschlichkeit versteppt und wird genauso grau und öd wie die Beziehungslandschaft ringsum. Deshalb konzentriert man sich auf die Arbeit und die Pflicht, man verdrängt die Bedürfnisse nach Nähe oder kompensiert sie mit Ersatzbefriedigung, zum Beispiel durch Essen und Trinken, Fernsehen, Einkäufe und dergleichen mehr.

Der andere Ausweg: Man schafft sich andere intime Beziehungen, die Frauen oft zu einem Kind, das dann ein geheimer Ersatzpartner wird, ein Vertrauter, der das Bedürfnis nach Wärme und Nähe der Mutter stillt. Oder man geht eine Außenbeziehung ein, dies häufig auf Seiten der Männer, in letzter Zeit aber in steigender Zahl auch auf Seiten der Frauen. Das Destruktive daran ist der dabei mitgelieferte Vorwurf: »Weil du nicht (mit mir sprichst/mit mir schläfst), muss ich ja …« Damit wird die Beziehung zu einem Dritten gegen die Beziehung zum Partner gelebt, was den letzten Rest an Intimität zerstört.

Meiner Erfahrung nach ist meist nicht oberflächlicher Leichtsinn für die vielen Außen-, Neben- und Dreiecksbeziehungen heute verantwortlich, sondern gerade jener überzogene Totalanspruch an den Partner, der, weil unerfüllbar, nach Kompensation anderswo verlangt.

Der Totalanspruch an den Partner ist eine Überforderung und schlägt – wie das bei allen totalitären Ansprüchen der Fall ist – in sein Gegenteil um. Aus dem »Alles« wird dann ein »Nichts«. Weil die Partner alles voneinander gewollt haben, bekommen sie nichts mehr voneinander.

Meist gelingt zudem die Kompensation durch den »Dritten« nicht. Kinder sind nun einmal keine Partner, und so bleiben die Eltern, die diese in ihnen suchen, letztlich mit ihren Bedürfnissen allein, abgesehen davon, dass die Kinder durch solche »Parentifizierung« schweren Schaden erleiden. Und die Beziehung zum/zur Geliebten bewegt sich meist in einem ausgegrenzten und darum auf die Dauer immer unwirklicher werdenden Raum, wodurch sie für die Beteiligten sehr oft mehr zu einer Plage als zur Befriedigung wird.

Wir müssen uns deutlich machen, dass es keinen einzelnen Partner gibt, der unser gesamtes Bedürfnis nach Wärme, Geborgenheit und Zuwendung erfüllen kann. Wie wir immer wieder gesehen haben: Das Verliebtheitserlebnis kann, auf die Länge einer Dauerbeziehung übertragen, auch in diesem Punkt nicht festgehalten werden. Unser Bedürfnis nach Beziehung geht weit über das hinaus, was ein Einzelner stillen kann.

Was ist daraus die Folgerung? Dass wir eben verzichten, dass wir uns bescheiden müssen? Ich möchte diese Konsequenz nicht zu schnell ziehen. Da, wo der Verzicht seinen Platz hat, werde ich darauf zurückkommen. Die nächstliegende Folgerung aber ist: Es kommt darauf an, die Partnerbeziehung wieder in ein Netz anderer persönlicher Beziehungen einzubetten. Da ein solches Beziehungsnetz nicht einfach vorhanden ist wie früher, bedeutet das, dass Energie, Zeit und Mühe darauf verwendet werden müssen. Auch bezüglich solcher Beziehungen gilt: Sie passieren nicht von selber, und auch wenn man es nicht völlig in der Hand hat, dass sie entstehen und lebendig bleiben, kann man doch eine Menge dazu tun.

Die Paarbeziehung kann nicht die einzige Quelle von Zuwendung sein. Jeder der beiden Partner braucht andere Quellen, aus denen er zusätzlich schöpfen kann. Es lohnt sich, darüber nachzudenken, in welche Art von Beziehungen ein Paar eingebettet sein soll, damit es sich nicht durch das »Hungrige-Kinder-Syndrom« mit Beziehungsansprüchen gegenseitig überfordert. Es geht dabei um »elterliche«, und es geht um freundschaftliche Beziehungen.

Viele Paare überfordern sich dadurch, dass sie meinen, alles selber machen zu müssen. Beide sind berufstätig, haben Kinder, ein Haus mit Garten und nebenberufliche Engagements. Sie meinen, das alles müsste von ihnen zu schaffen sein, und dabei müssten sie auch noch ein gutes, liebevolles Paar bleiben können. Solche Paare brauchen jemanden, der elterliche, fürsorgliche Funktionen für sie übernimmt. Das könnten natürlich durchaus auch die eigenen alten Eltern sein, wenn sie am Ort, bereit und in der Lage dazu sind. Dies würde dann die Herausforderung an das Paar bedeuten, die Beziehung zu ihnen so weit in Ordnung zu bringen, dass sie die Eltern so nahe in ihren Lebensbereich hineinlassen können. Es kann sich dabei aber auch um »Ersatz-Omas« und (warum eigentlich nicht?) »Ersatz-Opas« handeln. Hier wäre ein weites Feld, auf dem ältere Menschen einen neuen Lebensinhalt bekommen könnten. Es geht nämlich – und das ist hier zentral! – nicht um bloße »Haus-Angestellte«, nicht um ein bloßes Arbeitsverhältnis. Es geht nicht nur um jemanden, der das Haus aufräumt und die Wäsche besorgt, obwohl auch damit schon viel geholfen ist. Es geht um mehr. Es geht darum, dass die beiden jemanden finden, der ein wenig Verantwortung und Fürsorge für sie übernimmt, nicht nur für das Kind, sondern auch für sie, das Paar, und darum eine Quelle von Sicherheit und Geborgenheit wird, aus der sie schöpfen können, um wieder mehr füreinander da sein zu können. So jemanden zu finden ist durchaus nicht einfach, aber keineswegs unmöglich. Unmöglich wird es dann, wenn das Paar es für unmöglich hält oder wenn es zu stolz dafür ist oder zu große Hemmungen hat, zu einem Außenstehenden eine solche Beziehung aufzubauen.

Natürlich wird die persönliche Komponente dieser Beziehung ihre Grenzen haben, und es ist wichtig, diese Grenze klar zu ziehen. Das heißt aber nicht, dass diese Art »Ersatz-Elternschaft« von vornherein auszuschließen wäre. Ich begegne vielen Paaren, die auf mich wirken wie Hänsel und Gretel, die sich im Wald verirrt haben. Wenn sie nicht in allen Mutterfiguren böse Stiefmütter oder Hexen sehen würden, die Ansprüche stellen, würden sie irgendwann eine mütterliche Frau finden, die sich ihrer annähme. Das täte ihnen unendlich gut, und sie würden dadurch in den Stand gesetzt, auch einander wieder mehr Stütze zu sein und Geborgenheit beieinander zu finden.

Noch zentraler aber ist für Paare der Aufbau eines Netzes freundschaftlicher Beziehungen, die natürlich in Teilaspekten auch »elterliche« Funktionen übernehmen können und die besprochenen »Ersatzeltern« vielleicht sogar überflüssig machen würden.

Zunächst scheint mir hier der Aufbau von freundschaftlichen Beziehungen von Paar zu Paar wichtig. Sie ermöglichen einen praktischen, geistigen und emotionalen Austausch auf der Paarebene, der vielfältige Hilfe, Unterstützung und Anregung bedeuten kann. Nach einer arbeitsreichen Woche bei einem befreundeten Paar zu einem schönen Essen eingeladen zu sein oder einen gemeinsamen Ausflug zu machen, das kann eine wunderbare Zeit des gemeinsamen Auftankens werden, was dann wiederum der eigenen Paarbeziehung zugute kommt. Natürlich beruhen solche Freundschaften auf Gegenseitigkeit, damit sie lebensfähig bleiben. Es muss ein wechselseitiges Geben und Nehmen werden. Damit sie außerdem nicht bald leer werden und man ihrer überdrüssig wird, müssen die Beteiligten immer wieder den Mut aufbringen, die Ebene konventioneller Oberflächlichkeit zu durchstoßen und auf die persönliche Ebene vorzudringen, sei es durch persönliche – und vielleicht Tabus berührende – Fragen, sei es durch ehrliche Aussagen und Berichte über das eigene Innenleben. Viele Menschen können weder persönliche »Selbstaussagen« machen noch interessierte persönliche Fragen an andere stellen. Der Aufbau von Freundschaften bedeutet eine starke Herausforderung an unsere kommunikative Kompetenz. Wird sie angenommen und bewältigt, hat das schon manchem Paar über eine gefährliche Krise hinweggeholfen, ihm eine teure Therapie erspart und Zeiten der Not durchstehen lassen.

Über die Pflege freundschaftlicher Beziehungen unter Paaren hinaus ist es aber auch wichtig, dass jeder der beiden Partner einzeln Freunde und Freundinnen hat, die nicht in gleicher Weise Freunde/Freundinnen des anderen Partners sind. Diese Art individueller Kontaktpflege ist etwas spezifisch anderes als eine Freundschaft von Paar zu Paar. Hier kommt wieder die Individualität zum Tragen, der Unterschied zwischen »dir« und »mir«. Ich habe meine Freunde und du hast deine Freunde. Darin wird eben deutlich, dass wir uns gegenseitig nicht alles sein können, und das ist durchaus in Ordnung so. In anderen Kontakten werden andere Seiten von mir angesprochen, die in unserer Partnerschaft nicht berührt sind. Darum stärken sie meine Individualität und betonen meine und deine Einzigartigkeit. Wir haben davon gesprochen, wie wichtig das für die Entwicklung einer reifen Partnerliebe ist. Jede dieser individuellen Freundschaften ist eine Quelle individuellen Reichtums und individueller Lebensqualität. Darum kommen sie auch dem Partner zugute, weil ich dort bekomme, was ich hier wieder weitergeben kann.

Wenn von individuellen freundschaftlichen Beziehungen der Partner die Rede ist, sind damit sowohl gleich- wie gegengeschlechtliche Beziehungen gemeint. Der Mann soll Freunde *und* Freundinnen und die Frau Freundinnen *und*

Freunde haben. Bei den gegengeschlechtlichen Freundschaften berühren wir allerdings eine Tabuzone. Dabei meine ich, dass – genau besehen – der Unterschied zwischen gleich- und gegengeschlechtlichen Freundschaften nicht so immens groß ist, wie es die Tabuisierung gegengeschlechtlicher Freundschaften nahe legt. Denn jeder weiß, dass Beziehungen zwischen Mann und Frau wie auch gleichgeschlechtliche Beziehungen sehr unterschiedliche Qualitäten haben können. Es gibt kollegiale Beziehungen zwischen Männern und Frauen, bei denen das erotische Moment kaum eine Rolle spielt, und es gibt Beziehungen von Mann zu Mann und von Frau zu Frau, die erotisch hochbrisant sind. Die erotische Spannung gibt es nicht bloß zwischen Mann und Frau, weil Männer auch weibliche und Frauen auch männliche Anteile haben, die in Beziehungen gleichgeschlechtlicher wie gegengeschlechtlicher Art unterschiedlich angesprochen werden können. So kann die Beziehung zu einer Frau in mir als Mann lediglich ein ruhiges Gefühl von Verlässlichkeit und Kameradschaft auslösen, während die Beziehung zu einem Mann in mir wilde Verschmelzungssehnsüchte wach ruft.

Gegengeschlechtliche Beziehungen sind also nicht von vornherein »verdächtig«, wie auch gleichgeschlechtliche Beziehungen nicht von vornherein »harmlos« sind. Unter Voraussetzung dieses Vorbehalts ist freilich zu sagen, dass akzentmäßig und aufs Ganze gesehen natürlich Unterschiede zwischen gleich- und gegengeschlechtlichen Freundschaften bestehen. Darum betone ich ja gerade, dass Freundschaften zwischen Männern und Frauen auch von Verheirateten gepflegt werden sollen, damit sie ihre Partnerbeziehung nicht unnötig überlasten.

Wenn ich im Folgenden meistens aus der männlichen Perspektive spreche, geschieht dies, um umständliche Wiederholungen zu vermeiden. Was ich sage, meine ich aber in gleicher Weise auch für die Frauen.

Das Wertvolle an einer gleichgeschlechtlichen Freundschaft ist für mich, dass ich mich als Mann mit meinesgleichen verbinde und mich auf der Basis einer grundlegenden Gleichheit in meinen Möglichkeiten angesprochen und herausgefordert erfahre. Das gibt ein Gefühl der Stärke und Sicherheit, der Verbundenheit und Solidarität, der Verwurzelung im eigenen Geschlecht. Wenn ich in Seminaren mit Paaren gleichgeschlechtliche Gruppen zu bestimmten Themen bilden lasse, ist nachher die einhellige Reaktion ein Seufzer der Erleichterung: »Ach, hat das gut getan, sich als Mann unter Männern/als Frau unter Frauen einmal so richtig aussprechen zu können!«

Anders ist es – wieder akzentmäßig und aufs Ganze gesehen gesprochen – in der gegengeschlechtlichen Beziehung. Da erlebe ich mich in meiner Verschiedenheit als Mann zur Frau, in meiner Andersartigkeit und – weil es eine freundschaftliche Beziehung ist – in meiner Anziehungskraft als Mann. Hier spielt also die Verschiedenheit, und damit die erotische Anziehung, die zentrale Rolle. Darin besteht gerade der Reiz, aber auch das »Gefährliche« der gegengeschlechtlichen Freundschaft: dass ich mich hier auf der Basis meiner Verschiedenheit zur Frau in meinen spezifischen gelebten und ungelebten Möglichkeiten als Mann gesehen und akzeptiert erlebe. Natürlich stärkt dies mein Selbstbewusstsein als Mann in einer besonderen Weise. Es ist wichtig, dass ich das erfahre, weil es mich wieder »munter macht«, während ich mich an die Akzeptanz meiner Frau schon ein wenig gewöhnt habe und ein gewisser Abnutzungseffekt entstanden ist. (Dasselbe gilt wie gesagt umgekehrt natürlich auch von der Frau.)

Ich gehe noch einen Schritt weiter: Ich meine hier nicht nur geistige Beziehungen, ich spreche auch von körperlichen Beziehungen im Sinn von Berührung, Umarmung und Körperkontakt. Die früheren Lebensverhältnisse brachten es mit sich, dass das Leben insgesamt körperlicher war. Man hockte sich viel näher auf der Pelle, es war gar nicht zu vermeiden, sehr viel mehr Körperkontakt miteinander zu haben als heute. Die Unersättlichkeit mancher Partner in der Zweierbeziehung hat wohl auch darin ihre Wurzeln, dass sich wegen der Tabuisierung jeglichen Körperkontakts außerhalb der eigenen Ehe und Familie das gesamte Bedürfnis danach auf den Partner konzentriert. Leider ist es so, dass zärtliche Körperkontakte unter Männern in unseren Breiten stärker tabuisiert sind als außereheliche Beziehungen. Hier wäre der Aufbau einer neuen Beziehungskultur von größtem Wert. Das Gefühl von Eingebundenheit und Geborgenheit hat sehr viel mit der körperlichen Berührung, körperlichen Vertrautheit und Nähe zu tun. Eine neue körperlich betonte Beziehungskultur könnte Paare von ihrem überzogenen Totalanspruch heilen und ihnen viele Impulse und Anregungen vermitteln, die ihre Beziehung bereichern würden. Ist es denn verwerflich, wenn Körperempfindungen, die anderswo entstanden sind, mit meinem Partner ausgelebt werden?

Aber plädiere ich hier nicht für etwas, was, wie ich vorhin selber gesagt habe, ohnehin häufig geschieht und sich äußerst destruktiv auswirkt? Dass Paare sich nämlich nach außen wenden, um sich von dort zu holen, was sie von ihrem Partner nicht bekommen? Bedeutet das nicht gerade Entfremdung voneinander und Verletzung der Beziehungsgrenzen des Paares, die nicht zu verkraften sind? Nein, denn hier geht es um einen ganz anderen Zusammenhang als dort. Dort ist es die Enttäuschung bei gerade aufrechterhaltenem Totalanspruch, die den Partner außen suchen lässt (»Ich muss diese Außenbeziehung haben, weil du dich mir ja entziehst!«). Hier aber ist davon die Rede, dass beide Partner sich solche freundschaftlichen Beziehungen zu gleich- und gegengeschlechtlichen Freunden gegenseitig ausdrücklich zugestehen, weil sie wissen, dass sie einander nicht genügen, und weil sie wissen, dass sie selbst von den freundschaftlichen Beziehungen des anderen profitieren. Das ist eine völlig andere Situation. Der Mann weiß, wenn sich seine Frau mit anderen getroffen hat, ist sie froh, zufrieden, angeregt und voller neuer Ideen. Darum unterstützt er das und begleitet es mit seinem Wohlwollen. Ähnlich ist es natürlich umgekehrt. In der Regel ist es übrigens nötig, dass *beide* Partner solche Freundschaften pflegen. Sonst entsteht ein Ungleichgewicht, das zum Problem wird, weil es Neid auf den anderen hervorruft.

Aber bedeutet diese Empfehlung nicht doch eine akute Gefährdung der Paarbeziehung, vor allem wenn sie auch den körperlichen Bereich nicht ausschließt? Wird damit nicht einer heute ohnehin grassierenden Promiskuität das Wort geredet, und muss das nicht zu einer noch größeren Instabilität heutiger Ehen führen?

Dazu ist als Erstes zu sagen: Ich will die Wichtigkeit gegengeschlechtlicher Freundschaften nicht überbetonen. Genauso wichtig sind die anderen bisher besprochenen Beziehungsformen »Ersatzeltern«, befreundete Paare, gleichgeschlechtliche Freundschaften. Weil es aber hier um einen besonders brisanten Punkt geht, ist diese ausführliche Erörterung nötig, ohne dass dadurch die Proportionen verschoben werden sollen.

Als Zweites möchte ich sagen, was heute überhaupt von vielen Angelegenheiten der Partnerschaft gilt: Was sich die Partner gegenseitig zugestehen und wo ihre Grenzen sind, darüber müssen sie sich selber einig werden. Das besagt zweierlei: einmal, dass es keine im Einzelnen vorgegebenen Regeln gibt, »bis wohin es erlaubt ist und ab wann es verboten ist«, und zum Zweiten, dass es aber sehr wohl nötig ist, sich selbst als Paar individuelle Regeln und Grenzen zu geben und ständig darüber in Kontakt zu bleiben, ob diese Regeln und Grenzen noch stimmen und wo sie zu revidieren sind. Es ist dabei wichtig, sowohl auf die grundsätzliche Offenheit zu achten, dem anderen freundschaftliche Beziehungen zuzugestehen, als auch gleichzeitig auf die eigenen Empfindlichkeiten und Ängstlichkeiten. Sie sind zu berücksichtigen und ernst zu nehmen. Man darf nicht in einer falsch verstandenen Großzügigkeit über diese eigenen Grenzen einfach hinweggehen. Dies führt zu der schlimmen Doppelbödigkeit, der wir bei vielen progressiven Paaren begegnen: Sie gestehen sich großzügig »alles« zu, sind nach außen cool und liberal, leiden aber innen fürchterlich – und machen sich noch selbst zum Vorwurf, dass sie innerlich so »konservativ« fühlen. Es gibt hier kein »objektives« Maß, kein »fortschrittlich« und »konservativ«. Das Maß ist, was Partnern bekommt und was ihnen wehtut, und das müssen sie durch einen behutsamen und zugleich mutigen Weg über Versuch und Irrtum herausfinden und berücksichtigen.

Dass es so schwer fällt, dieses Gebiet gegengeschlechtlicher Freundschaften in der Ehe befriedigend zu regeln, hat mit einem großen Mangel an differenzierten Beziehungsmöglichkeiten zu tun. Obwohl wir gelernt haben, über viele Dinge, technische, politische, wirtschaftliche, höchst differenziert zu denken und zu urteilen, stelle ich im Beziehungsbereich oft eine völlige Undifferenziertheit fest. Hier geht es plötzlich um »alles« oder »nichts«. Wenn sich ein Mann und eine Frau gut verstehen, wenn sie sich zueinander hingezogen fühlen und es auch erotisch zwischen ihnen knistert, dann gibt es in der Vorstellung vieler nur die Möglichkeit, diese Beziehung zu leben und zum Ausdruck zu bringen, indem man miteinander ins Bett geht. Andernfalls sehen sie nur die Möglichkeit völliger Distanz voneinander. Dahinter steckt ein primitives Menschenbild, als ob es, wenn ich mich vom anderen sexuell angesprochen fühle, sein müsste, diese Sexualität mit ihm auch zu vollziehen. Dazu hat sicher wieder die Idee, dass man »authentisch« sein müsse, beigetragen. Als ob die Tatsache, dass ich einem Impuls, der sich meldet, nicht nachgebe, schon bedeuten müsste, dass ich psychologisch Krampf produziere! Wenn ich zu einer Frau/zu einem Mann eine starke erotische Anziehung spüre, heißt das noch lange nicht, dass ich diese Beziehung entweder meiden oder sie sexuell ausleben muss. Menschsein besteht ja gerade darin, dass ich meinen Impulsen nicht einfach ausgeliefert bin[15], also entweder »die Gelegenheit meiden« oder ihr nachgeben muss. Ich kann immer noch entscheiden, wie und in welcher Form ich dieser erotischen Spannung Ausdruck verleihen will, ohne die Ausdrucksform des sexuellen Aktes wählen zu müssen. Es muss keineswegs ein Krampf sein, auf die gelebte Sexualität zu verzichten, es kann ein bewusster Schritt sein, um meines Partners und der Klarheit unserer Beziehung willen auf die vollzogene Sexualität mit dieser Freundin zu verzichten und stattdessen eine warme, herzliche, anregende und inspirierende Freundschaft zu pflegen, die sich durchaus auch in Berührung und Umarmung zum Ausdruck bringen darf.

Ich habe schon oft erlebt, dass solche Beziehungen, in denen Sexualität angesprochen, aber nicht ausdrücklich gelebt wurde, generell eine »erotische Einstellung« zum Leben geschaffen haben, die einen freundschaftlicheren Umgang mit den Dingen und neue Beziehungsmöglichkeiten zu anderen Menschen eröffnet sowie auch der sexuellen Beziehung zum eigenen Partner sehr zugute gekommen ist.

Es ist nötig, uns unsere menschlichen Steuerungsmöglichkeiten bewusst zu machen! *Wir* sind es, die entscheiden, wie wir mit unseren Gefühlen und Impulsen umgehen wollen. Die Regeln, die uns in früheren Zeiten vorgegeben waren, gibt es heute nicht mehr. Wir als Individuen sind aufgefordert, unsere Beziehung eigenverantwortlich zu gestalten.

Dennoch: Kann es ausbleiben, dass bei diesem Weg trotz guten Willens vieles schief geht? Überschätzen wir nicht die menschliche Steuerungsfähigkeit gerade im erotisch-sexuellen Bereich? Wird es nicht vielmehr so sein, dass viele Menschen aufgrund solcher Empfehlungen doch in sexuelle Beziehungen hineinschlittern?

Dem möchte ich zweierlei entgegnen: Zunächst möchte ich die Gegenfrage stellen: Ist das dann so schlimm? Ist es nicht gerade ein Ausdruck jenes unrealistischen Totalanspruchs, von dem ich in diesem Kapitel rede, wenn wir versuchen, die Möglichkeit anderer sexueller Beziehungen ganz und von vornherein auszuschließen? Wenn ein Paar in einer offenen, experimentierfreudigen Weise seinen Weg geht und seine Möglichkeiten miteinander und mit Freunden zu leben sucht, ist das ein risikoreicher Weg. Es wird möglicherweise auch zu Grenzüberschreitungen kommen. Vielleicht gibt es sogar Phasen in der Beziehung, in denen es einem nötigen Befreiungsschlag gleichkommt, sich auf eine andere, auch sexuelle Beziehung bewusst einzulassen. Ich habe schon viele Paare erlebt, bei denen eine kurzfristige sexuelle Außenbeziehung eines Partners die entstandenen starren Fronten aufgerissen und neue Entwicklungsmöglichkeiten eröffnet hat. Natürlich lässt sich so etwas nicht vorprogrammieren. Aber für Paare, die einen offenen und ehrlichen Kontakt zueinander haben und aufrichtig ihren Weg suchen, wird eine vorübergehende sexuelle Außenbeziehung des Partners allein nicht der Untergang sein. Ist es dies, haben wir es gerade mit jenem überzogenen Totalanspruch zu tun, von dem ich hier spreche.

Allerdings, um Missverständnisse zu vermeiden, ist auch das Zweite zu betonen: Ich meine nicht, dass Paare sich etwas Gutes tun, die generell sexuelle Freizügigkeit auf ihre Fahnen geschrieben haben und diese sich unterschiedslos, nach Lust und Laune gegenseitig zugestehen. Ich komme hier zu einem zentralen Punkt dieses Kapitels, der noch klarzustellen ist, damit die bisherigen Ausführungen nicht in einem falschen Licht erscheinen. Ich habe von einem *differenzierten* freundschaftlichen Beziehungsnetz gesprochen. Das heißt auf der einen Seite: Die Paarbeziehung muss eingebettet sein in andere persönliche und freundschaftliche Beziehungen, damit sie lebendig bleibt und nicht am Totalanspruch der Partner zugrunde geht. Auf der anderen Seite aber heißt das auch: Es muss einen klaren Unterschied in der Qualität der Paarbeziehung zu allen anderen Beziehungen dieses sozialen Netzes geben. Dieser qualitative Unterschied ist ein Unterschied im Grad der Intimität. Das heißt: Die Paarbeziehung braucht zwar zu ihrem Überleben das größere Beziehungsnetz. Aber genauso nötig hat sie einen Innenraum der Intimität, den es so zu niemand anderem als zum eigenen Partner gibt.

Diese Intimität drückt sich am stärksten und »handgreiflichsten« in einer wechselseitig und auf Dauer gepflegten gemeinsamen Sexualität aus. Darum ist es unvermeidlich, dass eine zweite auf Dauer angelegte sexuelle Beziehung oder auch zwar kurzfristige, aber wiederholte sexuelle Außenbeziehungen die Intimität der Paarbeziehung auf Dauer zerstören. Vielleicht kann man dann noch als Arbeitsteam zusammenleben oder als Elternpaar, das sich um die Kinder kümmert, die Partnerliebe aber geht daran zugrunde.

Allerdings ist auch hier wieder zu sagen, dass man die Sexualität allein nicht zum entscheidenden Kriterium machen darf. Es kann auch sein, dass eine gar nicht sexuelle Beziehung wie die der Frau zu ihrem Lieblingskind oder des Mannes zu seiner Mutter einen Grad von Intimität pflegt, der in den Innenraum des Paares eindringt und dessen Intimität zerstört oder jedenfalls stark relativiert.

Als Menschen brauchen wir offenbar einen Raum der Intimität, um uns an einem sicheren Platz in der Welt zu fühlen. Dieser Raum der Intimität scheint nicht beliebig teilbar zu sein. Wenn wir es versuchen, werden alle Beziehungen etwas oberflächlicher, und wir geraten in der Tiefe unserer Seele mehr und mehr in eine einsame Position, in der wir auf uns zurückgeworfen sind und mit uns allein bleiben. Wenn wir mehrere intime Beziehungen auf derselben Ebene zu leben versuchen, verlieren wir die Qualität der Intimität überhaupt.

An dieser Stelle wird es sinnvoll und notwendig, vom nötigen Verzicht zu sprechen. Die Erfahrung zeigt, dass auch hier »weniger mehr ist« und dass sich »der Meister in der Beschränkung zeigt«. Der Verzicht darauf, jede nur mögliche Beziehung bis zur Neige auszukosten, ist nötig, um jenen Binnenraum der Intimität zu schützen, den wir zu einem glücklichen Leben brauchen. Es kann eine sehr beglückende Erfahrung sein, sich als Mann mit einer guten Freundin einig zu sein: »Wir könnten miteinander schlafen, es wäre wahrscheinlich sehr schön, aber wir verzichten darauf, weil wir es um unserer eigenen Paarbeziehung willen so für angemessener halten.« Eine solche Übereinkunft kann eine innige, auch körperbetonte Freundschaft erhalten und dennoch die Intimität unserer wichtigsten Beziehung bewahren. Wenn dieser Binnenraum gepflegt und geschützt wird, dann kommt unserer Paarbeziehung jede andere herzliche und persönliche, geistig-körperlich betonte Freundschaftsbeziehung zugute, regt sie an und befruchtet sie zu neuer Lebendigkeit.

All you need is love – Liebe als sexuelle Lust

Zum neo-romantischen Beziehungsideal gehört noch ein weiterer charakteristischer Zug: Dem Erlebnis sexueller Lust wird darin ein zentraler Stellenwert eingeräumt. Miteinander ein Höchstmaß an sexueller Befriedigung zu erleben gilt geradezu als der Inbegriff einer glücklichen Beziehung. Das war nicht immer so und ist sicher auch als eine heftige Gegenreaktion zu begreifen, als Gegenreaktion gegen eine Funktionalisierung der Sexualität ausschließlich hin auf die Zeugung von Nachwuchs, gegen eine puritanische Lust-Verneinung, die von der kirchlichen Moral propagiert oder unterstützt wurde, und nicht zuletzt gegen die ungleiche Behandlung von Frauen und Männern in der

Sexualität: Wenn überhaupt, durften die Männer Spaß dabei haben, die Ehefrauen gingen in der Regel leer aus.

Sigmund Freud entdeckte um die Jahrhundertwende, welche ungeheure Bedeutung der Sexualität im Leben des Menschen zukommt, vor allem auch dann, wenn versucht wird, sie auszugrenzen, wenn sie also verdrängt wird. Er war von seiner Entdeckung so fasziniert, dass er keine andere Antriebskraft im menschlichen Leben mehr sehen konnte. Dieser Linie folgten viele seiner Schüler, zum Beispiel Wilhelm Reich, und sie stellten die Sexualität so in den Mittelpunkt menschlicher Selbstverwirklichung, wie es niemals zuvor je geschah. In den 50er Jahren unseres Jahrhunderts begann die Aufklärungswelle zu rollen, und die 68er Generation zog schockierend und provokativ mit der Proklamation freier Sexualität gegen die Tabus vorangegangener Generationen zu Felde. In dieser Zeit und den Jahren danach entstanden die unterschiedlichsten psychologischen Schulen, die unsere Aufmerksamkeit durch Körper-, Atem- und Bewegungs-Therapien auf den Bereich des Sinnlichen und des Körperlichen lenkten. Viele Tausende von Menschen suchten mit ihrer Hilfe verdrängte Sexualität bewusst zu machen, sexuelle Blockaden zu überwinden und Wege zur Sinnenfreude zu finden. Eine unübersehbare Literatur, vom Fachbuch über die Illustrierte bis zum Pornoheft, demonstriert seit Jahren in abertausend Variationen, »wie man es macht«, um zum möglichst intensiven und ekstatischen Orgasmus zu kommen. Sexuelle Lust und Glück in der Liebe werden miteinander identifiziert. Wenn ein Mann eine Außenbeziehung hat, braucht er nur zu sagen, dass seine Frau mit ihm nicht mehr schlafen will, und er stößt auf allseitiges Verständnis.

Haben wir damit, dass die sexuelle Lust so sehr ins Zentrum der Paarbeziehung gerückt ist, etwas gewonnen? Sicher ist für die Frau-Mann-Beziehung die Sexualität das Zentrale, weil diese durch sie von jeder anderen menschlichen

Beziehungsform unterschieden ist. Insofern können wir nur froh und dankbar sein, dass uns die Psychologie und die Körpertherapien ihre Bedeutung so nachdrücklich bewusst gemacht haben. Der sexuelle Akt stellt das tiefste Band her, das Frau und Mann miteinander verbindet. Dieser Tatsache war man sich früher durchaus bewusst: Erst durch den sexuellen Akt wurde lange Zeit von der Kirche die Ehe als zustande gekommen angesehen. Dass die Bedeutung der Sexualität dennoch nicht so hoch bewertet wurde, hing wohl damit zusammen, dass die Paarbeziehung nicht als eine eigenständige Lebensform gesehen wurde. Sie war ganz und gar hingeordnet auf die Familie. Sobald Kinder da waren, spielte sie als solche kaum noch eine Rolle, und wenn die Kinder aus dem Haus waren, hatte das Elternpaar aufgrund der kürzeren Lebenserwartung früherer Zeiten in der Regel nicht mehr lange zu leben. Dementsprechend war die Sexualität hingeordnet auf die Nachkommenschaft, und ihre Bedeutung für die Beziehung als ganze wurde nicht sehr beachtet.

Heute tritt die Paarbeziehung als solche viel mehr in den Vordergrund. Viele Paare leben jahrelang ohne Kinder, oder sie entscheiden sich überhaupt, kinderlos zu bleiben. Die Kinderzahlen sind in den letzten Jahrzehnten stark zurückgegangen, so dass die Paarbeziehung auch in Familien ein größeres Gewicht behält, weil die Aufmerksamkeit der Eltern durch die Kinder nicht mehr in diesem Ausmaß absorbiert wird, wie das früher der Fall war. Schließlich, wenn die Kinder aus dem Haus gegangen sind, haben heutige Ehepartner noch gut und gerne 20 bis 30 Jahre, in denen sie wieder als »kinderloses« Paar leben.

Damit hat sich im Bewusstsein der Menschen die Sexualität von ihrer Hinordnung auf die Nachkommenschaft gelöst und wie die Paarbeziehung überhaupt einen viel zentraleren Stellenwert in der Bewertung bekommen.

Aber etwas scheint bei dieser Betonung der sexuellen

Lust dennoch nicht zu stimmen. Massenweise erleben wir heute sexuelle Probleme. Viele sprechen sie aus und suchen Hilfe bei Fachleuten in Praxen und Instituten. Noch viel mehr Menschen verschweigen sie schamhaft, und man ist immer wieder überrascht und erschüttert, wenn auch sie dann mal »auspacken«. Wer hätte gedacht, dass auch dieses Paar solche Probleme hat! Trotz Massenaufklärung, trotz allgemeiner Liberalisierung, trotz Toleranz und Freizügigkeit: dieser Berg von Problemen! Wie ist das zu verstehen? Ich glaube, dass es zu einem guten Teil an der Überbetonung der Sexualität, genauer: an der Überbetonung des sexuellen Lusterlebens liegt. Was wir in Filmen sehen, was wir in Zeitschriften und Anleitungen lesen, wird statt einer Unterstützung zu einer Norm, an der ich mich messe. Wenn ich ihr nicht entspreche, was meistens der Fall ist, werte ich mich ab. Weil ich aber annehme, dass viele Paare dieser Norm entsprechen, hindere ich mich auch am unbefangenen Austausch, was mir wiederum die Möglichkeit nimmt, Realität und Norm miteinander zu vergleichen. Damit verschärfe ich das Problem weiter.

Die Folge davon ist bei sehr vielen Paaren eine fast zwanghafte innere Konzentration auf das Problem der sexuellen Erfüllung. Daraus wiederum ist die Konsequenz, dass jedes Miteinanderschlafen zum Testfall wird. Dies ist jedoch einer gelösten Sexualität sehr abträglich, und so wird das sexuelle Problem immer größer. Viele Paare sind es dann irgendwann leid, resignieren, geben es auf, über ihre Sexualität zu sprechen, gehen fremd oder betätigen sich sexuell überhaupt nicht mehr. Dennoch bohrt das Problem in ihnen weiter. Denn bei der heute allgegenwärtigen Betonung der Sexualität kann niemand mehr meinen, dass seine Ehe, in der die Sexualität »nicht mehr klappt«, auch nur irgendwie in Ordnung sein könnte.

Wie steht es also nun mit der sexuellen Lust in der Paarbeziehung? Eines ist sicher: Die Sexualität macht die Paarbeziehung zur Paarbeziehung. Ohne Sexualität ist die Beziehung der Partner vielleicht eine Art Eltern-Kind-Beziehung, oder das Paar ist ein gutes Arbeitsteam, das seine Aufgaben kooperativ und reibungslos erledigt, oder es ist eine Art Geschwister- oder Freundespaar, das friedlich, streitend, einander unterstützend oder einander bekämpfend miteinander lebt. Das sind zwar Möglichkeiten, wie Paare auch miteinander leben können, aber dann leben sie nicht eigentlich als Frau und Mann zusammen. Was ihre Beziehung zu einer Frau-Mann-Beziehung macht, ist die Sexualität. Sie stiftet das charakteristische Band, das die beiden zu einem Paar macht. Sie bewirkt die körperliche Bindung, die es so in keiner anderen Form von menschlicher Beziehung gibt.

Was ist das nun für eine Verbindung? Die Konzentration auf die sexuelle Lust, wie wir sie im allgemeinen Bewusstsein vorfinden, wird ihr nicht gerecht. Eine sexuelle Beziehung bedeutet etwas viel Umfassenderes und Tiefergehendes. Ich möchte im Folgenden mehrere Punkte nennen, die im allgemeinen Bewusstsein der Paare über Sexualität zu wenig Beachtung finden und damit aus ihrem Lebensvollzug ausgeblendet werden. Mir scheinen diese Punkte zentral, um eine Neueinstellung zur Sexualität zu finden und damit viele der Probleme zu lösen, die uns heute in diesem Bereich begegnen und beschäftigen.

1. Indem durch die verschiedensten Medien die sexuelle Lust als das Erstrebenswerte so in den Vordergrund gerückt wird, erscheint sie als ein Ziel an sich, das es um jeden Preis zu erreichen gilt, soll die Beziehung glücklich sein. Damit aber wird die innere Aufmerksamkeit und die Intention der Menschen direkt auf das Lusterleben gerichtet. Es zeigt sich aber immer wieder, dass Gefühle und subjektive Erlebnisse generell, wenn sie als solche direkt angesteuert werden, entweder überhaupt nicht erreicht werden oder sehr bald schal und oberflächlich wer-

den. Gefühl und Erleben ist immer die Folge von etwas. Wer sich freuen will, muss etwas tun, das ihm Freude bringt. Wer nur Faszination als solche will, der wirkt bald oberflächlich und verkrampft. Faszination stellt sich ein, wenn ich mich mit etwas Faszinierendem beschäftige. Ich kann also nicht die Faszination als solche anstreben, dadurch mache ich sie gerade kaputt. Anstreben kann ich das, von dem ich weiß, dass es so wertvoll ist, dass es mir Faszination vermittelt. Das Erleben, die Faszination, das Gefühl ist also eher eine Beigabe als ein Ziel, das ich anstreben kann. So ist es auch bei der Lust in der Sexualität: Wenn auf sie meine ganze Aufmerksamkeit gerichtet ist und ich sie als solche anstrebe, ist die Chance sehr groß, dass ich leer ausgehe.

Ich habe darum bewusst von sexueller Beziehung und nicht von sexueller Lust gesprochen. Was ich mit meinem Partner anstreben und verwirklichen kann, ist eine sexuelle Beziehung, aber nicht das dauernde Erlebnis sexueller Lust.

Sexuelle Lust kann alles Mögliche sein. Sie kann der Befriedigung aller möglichen Bedürfnisse dienen, die mit der Beziehung zwischen dieser Frau und diesem Mann nur sehr wenig zu tun haben. Sexuelle Lust kann zum Beispiel gesucht werden als Stillung eines kindlichen Versorgungsbedürfnisses. Der Mann möchte sich von seiner Frau umhegen, verwöhnen, füttern lassen wie ein Säugling von seiner Mutter. Aufgrund seiner beruflichen Überforderung beispielsweise regrediert er zu Hause auf den Stand eines kleinen Jungen, der die Mutter braucht. Dieses Bedürfnis spürt er als sexuelles Verlangen. Freilich wird dies die Frau nicht als besonders »antörnend« erleben, und wenn er ihr immer nur so kommt, wird sie sich bald verweigern, entweder durch ein bewusstes Nein oder durch ein Nein ihres Körpers, der sexuell nicht mehr reagiert.

Sexuelle Lust kann weiter gesucht werden als Kompensation für ein geschwächtes Selbstwertgefühl. Weil die Frau zum Beispiel zutiefst in ihrem Selbstwert in Frage gestellt ist, weil sie von sich als Person nicht viel hält, sucht sie immer wieder Sexualität, weil sie sich darin als Frau erlebt und damit eine gewisse Aufwertung erfährt. Der Partner in einer solchen Beziehung wird sich freilich bald als Mittel zum Zweck benutzt fühlen und – eingestanden oder nicht – unbefriedigt zurückbleiben. Aus ähnlichen Gründen betreiben Männer oft Sexualität wie Leistungssport, um sich ihrer Männlichkeit, die sie vor allem mit Leistung verbinden, immer wieder zu vergewissern.

Im subjektiven Erleben können sich derartige Bedürfnisse als sexuelle Bedürfnisse äußern. Freilich werden sie durch deren Erfüllung dann nicht wirklich gestillt. Das sexuelle Erleben wird zu einem Ersatz für die Befriedigung anderer Bedürfnisse, die mit sexuellem Verlangen nicht viel zu tun haben. Dadurch wird es in sich schal, muss aber gerade deshalb immer wieder gesucht werden, weil es ja zu keiner wirklichen Befriedigung, weder des sexuellen noch des »dahinter liegenden« eigentlichen Bedürfnisses, für das die Sexualität steht, führt. Bei Menschen, die besonders oft mit anderen schlafen »müssen«, liegt häufig eine solche Fehlidentifizierung der Bedürfnisse vor, weshalb das Bedürfnis, mit anderen immer und immer wieder zu schlafen, keineswegs als Zeichen von besonderer sexueller Potenz zu werten ist.

Da, wo sexuelle Lust als solche angestrebt wird, entweder direkt oder als Kompensation zur Stillung eines anderen Bedürfnisses, ergibt sich außerdem noch ein weiteres Problem: Es geht dabei immer um *meine* Lust, *meine* Befriedigung. Der Partner spielt nur als Lustbringer eine Rolle, aber nicht als der, der er ist. Er ist im Grunde auswechselbar, es geht nicht um ihn als einen einmaligen

Menschen. Wenn ich in der Sexualität die Lust als solche suche, suche ich darin nur mich, bleibe also ganz und gar auf mein eigenes Ich bezogen. Demgegenüber ist zu betonen, dass es in der Sexualität zentral um den anderen geht. Natürlich spielt dabei auch mein Bedürfnis, meine Lust eine wichtige Rolle, aber es ist mein Bedürfnis »nach dir«, es ist meine »Lust auf *dich*«. Der Drang nach sexuellem Erleben sagt: »Es drängt mich danach, mich *dir* zu schenken.« Das ist der Kern jeder wirklichen sexuellen Begegnung. Eine solche Begegnung erfasst mich in meinem innersten Wesen, ist aber gerade dadurch äußerst lustvoll, dass ich nicht die Lust als solche anstrebe, sondern das Du des anderen.

Es geht in der sexuellen Beziehung also nicht um Lust, sondern um Hingabe. Wenn ich mich auf diese Bewegung der Hingabe mit Leib und Seele einlasse, stellt sich auch die Lust ein, nicht aber, wenn ich die Lust als solche haben will. Damit vertreibe ich sie eher. Dies scheint mir der Kern fast aller sexuellen Probleme zu sein, mit denen Therapeuten es zu tun bekommen, und alle praktischen Anleitungen nutzen gar nichts, wenn nicht die Frage beantwortet ist, ob unsere Beziehung wirklich so ist, dass ich als Mann mich dir als Frau, dass ich als Frau mich dir als Mann schenken will.

Oft sagen Frauen: »Ich kann nicht mit dir schlafen, weil du immer so schnell bist« oder »weil du nicht zärtlich streichelst«, oder »weil du vorher nichts mit mir redest«. Im Einzelfall mag all dies zutreffen. Ich frage mich aber, ob sich hinter dieser oft recht stereotypen Aufzählung männlicher Fehler nicht eigentlich verbirgt: »Ich mag dich als Mann, so wie du bist, eigentlich nicht!« In solchen Fällen bringt es wenig, darüber zu reden, wie es der Mann geschickter machen könnte. Er kann es machen, wie er es will, es wird nie recht sein. Bevor nicht das Thema angesprochen ist, um das es eigentlich geht, nämlich »warum ich mich als Frau dir als Mann nicht geben kann«, wird die Auseinandersetzung nicht vorankommen. Andererseits wäre so mancher Mann, der sich darüber beklagt, dass die Frau nicht mit ihm schläft, zu fragen: »Warum willst du denn mit ihr schlafen? Was suchst du eigentlich im sexuellen Akt mit ihr? Ist sie als Person dabei wichtig? Könntest du nicht genauso gut mit irgendeiner anderen Frau schlafen?« Wenn Frauen sich darüber beklagen, dass sie das Gefühl haben, die Männer würden sich bei ihnen nur »abreagieren«, fühlen sie, dass nicht wirklich sie als Person gemeint sind, sondern nur als Lustbringer für ihn, und auf die Dauer tötet das jede sexuelle Befriedigung.

Sexuelle Befriedigung ist eine Begleiterscheinung. Sie stellt sich am intensivsten und umfassendsten ein, wenn sich in der Sexualität Hingabe an den Partner ausdrückt. Wird die bloße Lust angestrebt, verkehrt sich Sexualität zur gemeinsamen oder einseitigen Selbstbefriedigung, wird Egoismus zu zweit und damit leer und letztlich auch noch lust-los.

2. Ein weiteres Problem ist mit der Konzentration auf die sexuelle Lust gegeben: Die Aufmerksamkeit wird dadurch viel zu stark auf das Höhepunkt-Erlebnis des Orgasmus gerichtet. Was dabei untergeht, ist die Tatsache, dass die sexuelle Beziehung viel mehr einschließt. Sie ist körperliche, leibliche Beziehung in einem umfassenden Sinn. Dazu gehört mehr als das Orgasmus-Erlebnis. Sexuelle Beziehung heißt: Ich suche mit meinem Körper deinen Körper, mit meiner Haut, mit meinen Händen, mit meinen Lippen deine Haut, deine Hände, deine Lippen … Manchmal wird es einfach dabei bleiben, und manchmal wird es uns auch weiterdrängen. Manchmal werden wir ohne sexuelle Gefühle im engeren Sinn bleiben, manchmal werden sexuelle Gefühle aufflackern und wieder vergehen, manchmal wird sich ein intensiveres sexuelles Ge-

fühl einstellen, und es wird uns zur vollen sexuellen Vereinigung drängen, die manchmal in einem Orgasmus gipfelt, manchmal aber auch in einem ganz friedlichen Beieinander-Sein zur Ruhe kommt. Es wird nie das eine Mal so sein wie das andere Mal, und wie immer es ist, es darf so sein, so geschehen, ohne dass das eine besser ist als das andere. Das Hinstarren auf den Orgasmus zerstört die Vielfalt körperlicher Begegnung. Ja, es zerstört überhaupt den Begegnungscharakter der Sexualität, weil ich dabei nur bei meinem Lusterlebnis und nicht bei meiner Hingabe an den anderen bin.

Wird die sexuelle Beziehung in dieser umfassenden Weise als körperliche Beziehung gelebt, wird sie wachsen und reifen. Sie wird tiefer und faszinierender, auch wenn die beiden Partner das attraktive Jugendalter schon lange hinter sich haben. Es gibt viele Paare, die feststellen können, dass sie in vorgerücktem Alter ihre Sexualität vielfältiger, intensiver und befriedigender erleben, als es ihnen in jungen Jahren möglich war. Dabei muss wieder die Illusion aufgegeben werden, es ginge alles von selber und würde so bleiben. Nein, es braucht ständige Aufmerksamkeit und Pflege, und das heißt, es braucht Zeit. Hier wird wieder aktuell, was ich im ersten Kapitel von der Schaffung der gemeinsamen Insel gesagt habe. Das Paar muss Zeiten und Räume bereitstellen, es muss »gute Gewohnheiten« entwickeln, in denen sich die Sexualität zur vollen Reife entfalten kann.

3. Ein dritter Punkt scheint mir noch von Bedeutung: Die Fixierung auf die sexuelle Lust bringt etwas Steriles, Undynamisches und Unkreatives mit sich. Sinnliche Lusterfahrung ist etwas, woran man sich schnell gewöhnt. Dann braucht es immer mehr Abwechslung, immer stärkere Reize, und dennoch ist der Abflachungsprozess unausweichlich. So wird es nötig, immer kompliziertere und raffiniertere Praktiken anzuwenden, und doch bleibt aus,

was man sich davon erhofft. Der wachsende Überdruss sucht sich vielleicht noch einen Ausweg in perversen Exzessen. An die in letzter Zeit öfter diskutierten Kinder-Pornos möchte ich in diesem Zusammenhang nur erinnern. Hier führt sich die Fixierung auf das bloße Lusterlebnis vollends ad absurdum, weil es sich in sein Gegenteil verkehrt. Während die isoliert gesuchte sexuelle Lust also etwas Steriles ist, hat eine sexuelle Beziehung im umfassenden Sinn einen kreativen Charakter an sich. Sie drängt danach, fruchtbar zu werden in einem Dritten. Die sexuelle Befriedigung drängt hin auf das Kind. Trotz Konsumgesellschaft, trotz Überbevölkerung, trotz Umweltvergiftung und drohender Klimakatastrophe wollen zwei Menschen, die sich einander wirklich hingeben, dennoch immer wieder über kurz oder lang ein gemeinsames Kind. Wenn dieser Wunsch nicht auftaucht, haben sie sich nicht wirklich aufeinander eingelassen. Wenn sich der Wunsch zwar regt, aber sie sich ihm verschließen, wird ihre Beziehung an Tiefe verlieren und abflachen. Denn sie verliert ihren eigentlichen Sinn, nämlich schöpferische Kraft zu sein. Eine nur auf Lust abgezielte Sexualität, die diese Schöpferkraft ausschließt, ist eine kastrierte Sexualität. Sie wird sich totlaufen.

Hingegen habe ich schon oft erlebt, dass mit dem Entschluss zum gemeinsamen Kind die Paarbeziehung wieder neuen Inhalt und neue Lebendigkeit erhält. Die gemeinsame Sexualität wird dann vielleicht weniger häufig, weniger »ausführlich«, dennoch bekommt sie oft eine neue, tiefere und befriedigendere Qualität.

Mir ist bewusst, dass ich mich hier auf ein gefährliches Gebiet begebe. Ich setze mich dem Vorwurf aus, durch die Hintertür doch wieder, gemäß der alten kirchlichen Lehre, den Nachwuchs als Zweck der Ehe und die Zeugung als Ziel jedes sexuellen Aktes einzuschmuggeln. Ich meine tatsächlich: Eine sexuelle Beziehung muss fruchtbar werden. Daraufhin ist sie angelegt. Das zeigt einfach das Erleben von Paaren, die sich ernsthaft aufeinander einlassen. Das heißt: Hat ein Paar diesen Wunsch nach einem gemeinsamen Kind nicht, oder lässt es diesen Wunsch bewusst nicht zu, entsteht keine wirklich tiefe Bindung zwischen den beiden. Oft wird bei solchen Paaren das Zusammenleben nach einiger Zeit langweilig und leer, und ein Schleier der Depression breitet sich darüber.

Damit will ich natürlich nicht bestreiten, dass es ernsthafte Gründe geben kann, auf Kinder zu verzichten. Aber dieser Verzicht wird nur dann der Beziehung nicht schaden, wenn er ein wirklicher Verzicht ist. Auf etwas verzichten kann man erst, wenn man mindestens den lebhaften Wunsch danach verspürt. Es muss also anerkannt sein, dass die Tendenz der sexuellen Beziehung auf ein gemeinsames Kind hingeht, dann wird es nicht zum Schaden der Beziehung sein, wenn aus wichtigen Gründen dieser Tendenz nicht nachgegeben wird. In einem solchen Fall kann und wird die sexuelle Beziehung der Partner in anderer Weise fruchtbar werden. Die Schöpferkraft wird sich andere Bereiche suchen, in denen die gemeinsame Kreativität gelebt wird, in einem gemeinsamen Anliegen, einem gemeinsamen Werk, einem gemeinsamen Engagement, gemeinsamen Zielen.

Ein weiterer Einwand gegen das Gesagte kann die Beobachtung sein, dass von Paaren oft Kinder in die Welt gesetzt werden, um sich einer heraufziehenden Krise nicht stellen zu müssen. Die auseinander brechende Ehe wird mit dem Kind gekittet. Damit wird ihm eine schwere Hypothek aufgeladen, und die Beziehungskrise wird zur chronischen Krise verschleppt, aber keineswegs gelöst. Niemand wird bestreiten, dass es solche Fälle gibt und dass hier der Kinderwunsch nicht dem inneren Sinn der Beziehung entspringt, sondern der Angst vor der Auseinandersetzung. In einem solchen Fall ist natürlich die Entscheidung für die körperliche Fruchtbarkeit nicht an der Zeit. Ich erlebe aber gerade in letzter Zeit mindestens genauso häufig, wenn nicht häufiger, dass Paare den Moment verpassen, wo es an der Zeit wäre, dem inneren Drang nach einem Kind, den die Frauen meistens deutlicher spüren als die Männer, nachzugeben. Die Gefahr besteht, wenn sie diesen Moment verstreichen lassen, dass sie ihre Sexualität der schöpferischen Kraft berauben, diese verflacht und ihre Beziehung langsam in eine schale Oberflächlichkeit hineinzudriften beginnt.

Was können nun Paare tun, die diese Entscheidung zur Fruchtbarkeit versäumt haben und denen jetzt, wo es zu spät ist, bewusst wird, was sie sich damit angetan haben? Für solche Paare ist wichtig, dass sie das Versäumte klar ins Auge fassen, dass sie ihre Entscheidung im Nachhinein akzeptieren und dass sie die ungenutzten Möglichkeiten betrauern und verabschieden. Unter dieser Voraussetzung kann es dann durchaus möglich werden, auf einer neuen Ebene miteinander fruchtbar zu werden und ihre sexuelle Beziehung in einem umfassenden Sinn weiter zu vertiefen.

4. Noch ein letzter, vierter Gedanke ist anzufügen: Eine sexuelle Beziehung unterliegt natürlichen Schwankungen. Sind die Partner nur auf das Lust-Erlebnis aus, wird dessen Ausbleiben sofort Unruhe hervorrufen. Die darauf folgenden Anstrengungen machen alles meist nur noch schlechter. Viel besser wäre es, sich jetzt zu fragen, ob dies vielleicht ein Zeichen ist, dass jetzt eine Phase der Beziehung beginnt, in der sich die sexuelle Beziehung wandeln will. Es kann sein, dass die Wandlungsphase mit einer größeren Distanz zwischen den Partnern beginnt, von der auch körperliche Nähe und sexueller Kontakt betroffen sind. Diese Distanz durchzuhalten kann die Voraussetzung dafür sein, dass das Paar zu einer neuen, jetzt noch nicht bekannten und erst allmählich sich herausbil-

denden neuen Form von Sexualität findet. Paare, die die Sexualität in dem geschilderten umfassenden Sinn verstehen, werden imstande sein, sich mit Sensibilität und Wachheit auf solche Wandlungsprozesse einzulassen. Dies kann bedeuten, dass einer vom anderen oder beide voneinander körperlich über längere Zeit nichts mehr wissen wollen. Paare, die die körperliche Verbundenheit ihrer Beziehung über längere Zeit schon erfahren haben und sich innerlich darauf beziehen können, werden auf solche Distanzphasen nicht mit Panik und nervösen Anstrengungen reagieren, sondern mit einer gewissen Gelassenheit und Zuversicht, weil sie wissen, dass solche Distanzphasen immer nötig sind, um zu neuen Ufern aufzubrechen.

Dazu brauchen wir doch nicht zu heiraten! – Liebe als Wachstumsprozess

Es war davon die Rede, dass in der neo-romantischen Liebesauffassung, mit der ich mich hier auseinander setze, Liebe und Liebeserlebnis gleichgesetzt werden. Damit ist neben allem, was ich bisher besprochen habe, noch eine weitere Konsequenz gegeben: die Meinung, dass Liebe nämlich willentlich nicht beeinflussbar sei und durch bewusste Entscheidung höchstens gestört, wenn nicht gar zerstört werden könne. Daraus folgt, dass die Dinge in der Liebe sich ergeben, sich entwickeln, dass sie wachsen und reifen müssen und dass sie nicht machbar sind. Der Liebe besonders abträglich ist es nach dieser Auffassung, wenn sie mit Hilfe bewusster Entscheidungen »festgeschrieben« werden soll. Dadurch wird sie – wie sich bei der Eheschließung am krassesten zeigt – institutionalisiert und formalisiert. Das ist aber nach dieser Auffassung der Partnerliebe völlig unangemessen. »Kopf« und bewusster Wille werden als Gegensatz zur Liebe gesehen. Alles muss offen bleiben, die Liebe muss sich immer wieder neu herausstellen und bewähren, die Dinge müssen sich entwickeln können, was »daran ist«, muss sich quasi von selbst ergeben. Ob die Liebe hält oder nicht, wird sich zeigen, ob wir zusammenziehen oder nicht, wird sich herausstellen, ob wir Kinder haben werden oder nicht, wird irgendwann mal klar werden.

Es ist dies eine Art biologisch aufgefasste Wachstumsidee, der wir hier begegnen. Wie eine Pflanze wächst, blüht, Frucht bringt, ohne dass jemand mit Kopf oder Willen eingreift, so soll es auch in der Partnerschaft sein. Diese »Öko-Idee« menschlicher Beziehungen beinhaltet allerdings viel Ideologie. Jeder, der einen Garten hat, weiß, dass bewusstes Eingreifen für Wachstum und Fruchtbarkeit von Pflanzen durchaus nötig ist. Dennoch steht dahinter ein sehr berechtigtes Anliegen und eine oft bittere Erfahrung. In unserer Elterngeneration und in unserer Umgebung erlebten und erleben wir, dass Verstand und Wille in Partnerbeziehungen oft tatsächlich ganz und gar nicht im Sinne der Liebe eingegriffen haben und eingreifen. Man entschied sich zu heiraten, weil man keine Alternative hatte, hielt und hält die Ehe aufrecht, weil man Angst vor dem Alleinsein hat, setzte und setzt Kinder in die Welt, weil es halt dazugehört. Viele Menschen versuchen mit ihrer bewussten Entscheidung, die Liebe, die nicht mehr da ist, zu ersetzen oder mit Gewalt festzuhalten. Das ist natürlich unmöglich. Aus dieser Erfahrung geht die Tendenz ins andere Extrem, Liebe und bewusste Entscheidung, und vor allem Liebe und institutionelle Festlegung als unvereinbare Gegensätze zu sehen. Darin liegt es begründet, dass heute die Zahl der Eheschließungen kontinuierlich zurückgeht, die Zahl der unverheiratet zusammenlebenden Paare immer größer wird und dass die Zahl der Single-Haushalte in manchen Großstädten auf die 50 Prozent zugeht. Wenn man sich nicht auf einen »Law and order«-Standpunkt stellt, sind diese Folgen für sich genommen ja noch nicht bedenklich. Wenn man aber davon ausgeht, dass diese nicht-ehelichen Lebensformen in ihrer Mehrzahl auf das Vermeiden ausdrücklicher Entscheidungen und bewusster Festlegungen zurückzuführen sind, zeigt sich eine tief gehende Problematik.

Aus dem biologisch aufgefassten Wachstumsgedanken entsteht nämlich ein Paarmuster, das ich etwas sarkastisch das Muster des »verjährten Liebespaares« genannt habe. Was ist damit gemeint? Nehmen wir einen heute häufigen Fall: Zwei Menschen verlieben sich und gehen ein »Verhältnis« miteinander ein. Jeder hat seinen eigenen Beruf, jeder seine eigene Wohnung, jeder ist in seinem Umfeld gut integriert. Vorerst denken sie nicht daran, zusammenzuziehen. Aber mit der Zeit ergibt es sich so, dass er hauptsächlich bei ihr wohnt, ohne allerdings die eigene Wohnung aufzugeben. Eine Art »Probe-Ehe« beginnt. Das dauert vielleicht so zwei Jahre. Man will mal sehen, wie es geht. Dagegen ist überhaupt nichts einzuwenden. Solche vorläufigen Formen des Zusammenlebens können sehr wertvoll sein, entweder um überhaupt erste intensive Beziehungserfahrungen zu machen oder um nach frustrierenden Erfahrungen vorsichtig neue Wege auszuprobieren. In unserem Fall aber vergehen die zwei Jahre und ebenso ein drittes, aber es ändert sich nichts. Die Beziehung entwickelt sich nicht so recht »von selber«. Es geht weder deutlich in Richtung »Zusammen«, noch in Richtung »Auseinander«. Eigentlich leben sie ja fast schon wie ein Ehepaar. Aber sie sind doch keines. Das zeigt sich in bestimmten charakteristischen Situationen. An Weihnachten zum Beispiel fahren sie immer noch nach Hause, aber getrennt, jeder zu seinen Eltern. Im eigenen Elternhaus ist der Freund/die Freundin noch gar nicht richtig eingeführt. Die jeweiligen Eltern kennen ihn/sie kaum. Man hält den anderen irgendwie geheim, wie eine »verbotene Liebe«.

Außerdem fällt auf, dass sie keine Zukunftspläne machen.

Über den nächsten gemeinsamen Urlaub geht die Planung nicht hinaus. Sie denkt zwar manchmal an ein Kind, denn altersmäßig wäre es bereits höchste Zeit. Aber das Thema ist tabu, wo sie doch noch gar nicht mal darüber gesprochen haben, in welchem Sinn sie sich als Paar verstehen. Wenn Freunde kommen, die der andere noch nicht kennt, wird es jedes Mal peinlich. Wie soll man einander vorstellen? »Meine Frau«, »mein Mann«, das stimmt ja nicht, »mein Freund«, »meine Freundin« – das klingt seltsam angesichts der gemeinsamen Jahre, die man schon auf dem Buckel hat. Auch »meine Partnerin«, »mein Partner« würde eine Definition der Beziehung voraussetzen, die man bis jetzt vermieden hat. Der Zustand ist noch immer vorläufig und ist doch schon ein Dauerzustand geworden. Das Undefinierte der Beziehung erfüllt beide manchmal mit Unbehagen. Aber »es« wird nicht eindeutiger. Allmählich beginnt man auf der Stelle zu treten. Ein Gefühl von Langeweile breitet sich aus. Es passiert nichts Neues mehr. Schleichende Enttäuschung breitet sich aus. Er hält sich jetzt wieder öfter in seiner eigenen Wohnung auf, die Sexualität wird seltener, sie erlebt sich manchmal »grundlos« widerborstig und ertappt sich immer öfter bei romantischen Träumereien von einer großen Liebe, die alle nicht gestellten Fragen mit einem Schlag beantworten würde. Die Beziehung wird immer leerer und sinnloser, eine Grundstimmung von Depression breitet sich aus. So fragen sich beide, warum sie eigentlich noch ein Paar sind. Wenn sie ehrlich sind, verbindet sie außer der Gewohnheit nichts mehr. Ohne dass etwas Besonderes vorgefallen wäre, ohne dass einer den anderen besonders verletzt hätte, sind sie irgendwie miteinander am Ende. Ihre Liebe hat sich »verjährt«. Beide sind im Grunde wieder die Singles geworden, die sie vor Jahren gewesen sind.

Hier treten die Folgen der biologischen Wachstumsidee für die Partnerliebe sehr krass zu Tage. Es gibt aber auch Paare, die verheiratet sind und Kinder haben, bei denen die

Wachstumsideologie dennoch zerstörerisch wirkt, obwohl sie äußerlich alle anstehenden Entscheidungen gefällt zu haben scheinen. Zum Beispiel: Ein Paar zieht zusammen, weil es praktischer ist. Ein Wohnungswechsel steht bei einem an, da ergibt es sich fast von selbst, dass man zusammenzieht. Dann vergisst sie die Pille und wird schwanger. Da eine Abtreibung für das Paar nicht in Frage kommt, kriegen sie das Kind, aber ohne dass sie sich dafür wirklich entschlossen hätten. Nun sind sie Vater und Mutter: ein Grund mehr, zusammenzubleiben, ohne sich wirklich dafür entschieden zu haben. Dann stellt sich heraus, dass es für das Kind doch immer noch recht nachteilig ist, unverheiratete Eltern zu haben. Also geht man schließlich, obwohl man das nie wollte, doch noch miteinander zum Standesamt. Dieses Paar hat im Grunde alles genauso dem »unwillkürlichen« Wachstum überlassen wie das »verjährte Liebespaar« – und hat sich um die ausstehenden Entscheidungen herumgedrückt.

Es kann sein, dass dabei gar nichts Schlimmes passiert. Es kann sein, dass sie auf irgendeinem Weg die Entscheidungen doch auch innerlich nachvollziehen. Dennoch haben sie viele Chancen für ihre Beziehung verpasst. Und dies hat in vielen Fällen ähnlich negative Folgen wie die vorher besprochenen. Bei einem oder bei beiden bleibt die große Frage zurück: »Warum sind wir eigentlich zusammen? Meint er/sie wirklich *mich!«* Hinter allerlei »Beziehungskisten« bohrt eigentlich einzig und allein diese große Frage. Wenn ein solches Paar in die Therapie kommt, wird diese gar nichts nutzen, wenn es nicht gelingt, auf den Grund vorzustoßen, der in dieser letzten Unsicherheit und Unentschiedenheit liegt, auf der die Beziehung aufgebaut ist.

Was ist nun im Einzelnen zu dieser biologisch gefassten Wachstumsidee in der Partnerliebe zu sagen? Ich meine natürlich auch und habe es immer wieder betont, dass die Partnerliebe ein Prozess ist, ein Wachstums- und Reifungsprozess. Er verläuft in Phasen von Nähe und Distanz, hat seine Durststrecken und Oasen und führt über Höhen und durch Tiefen. Das ist ja mein zentrales Anliegen in diesem Buch: von einer zu stark momenthaften Auffassung der Liebe als Erleben im Hier und Jetzt wegzukommen. Allerdings sehe ich diesen Wachstums- und Reifungsprozess beim Menschen nicht in einem Gegensatz zur bewussten Entscheidung, willentlichen Festlegung und ausdrücklichen Formgebung. Entscheidung, Festlegung und Formgebung gehören in die Entwicklung des Menschen, auch in die Paarbeziehung und Partnerliebe, mit hinein.

Natürlich braucht alles seine Zeit. Die Dinge müssen sich tatsächlich entwickeln. Was Liebesbeziehungen anlangt, wurde dies in früheren Generationen oft sträflich missachtet. Wir kennen alle die unseligen Zwänge, unlegitimierte Verhältnisse zu legalisieren und damit Entscheidungen zu provozieren, die zur Situation der betroffenen Menschen überhaupt nicht stimmten. Alles hat seine Zeit, und es kann fatale Folgen haben, wenn man nicht den richtigen Zeitpunkt abwartet. Es kann darum notwendig sein, unter Umständen gegen alle gesellschaftlichen Gepflogenheiten und gegen alle praktische Nützlichkeit eine Entscheidung, die alle Welt erwartet, zu verweigern, zum Beispiel, nur deshalb zu heiraten, weil ein Kind im Kommen ist.

Es gibt aber auch den gegenteiligen Fehler: Man verpasst den rechten Zeitpunkt. »Verjährte Liebespaare« erinnern sich öfter an den Moment, da die Entscheidung fällig war. Es kann sein, dass dieser ein für alle Mal vorbei ist und deshalb aus der Beziehung nichts mehr werden kann.

Warum ist das so? Wachstum und Entwicklung sind zunächst unbewusst. Sie vollziehen sich tatsächlich von selbst. Wir Menschen sind aber auch bewusste Wesen. Was wir nicht in unser Bewusstsein hineingenommen haben, wird nicht voll zu unserer Wirklichkeit. Ein »unbewusstes« Ja zum anderen, wie es viele Paare leben, ist kein volles Ja. Genau dasselbe gilt natürlich auch umgekehrt: Ein bewusstes Ja, das nicht vom Unbewussten her gefüllt ist, sondern über dieses einfach hinweggeht, wird nicht lange tragen. Aber auch wenn wir bei aller »unbewussten« Zuneigung das bewusste Ja vermeiden, wird sich der andere nicht voll gemeint fühlen. Erst wenn ich eine bewusste, willentliche, ausdrückliche Entscheidung für ihn gefällt habe, erst dann bin ich ganz bei ihm angekommen, erst dann wird meine Zuneigung auch Hingabe.

Ein Zweites: Wir Menschen sind leibliche, sinnenhafte Wesen. Wirklichkeit wird etwas für uns erst, wenn wir es auch sehen, greifen, anfassen können. Darum muss die Entscheidung für eine Beziehung nicht nur bewusst gefällt, sondern sie muss auch sichtbar gemacht werden. Dem entspricht es, dass Eheschließungen auch juristisch formuliert und mit Symbolen umgeben werden, dass man zum Standesamt, in die Kirche geht, unterschreibt, Ringe wechselt und ein Fest feiert.

Dabei gibt es keinen bruchlosen Übergang von der Entwicklung zur Entscheidung. Die Entscheidung bringt eine wesentlich neue Qualität in die Beziehung. Dies stellen alle Paare fest, auch wenn sie nach jahrelangem Zusammenleben den Schritt zur Heirat machen. »Ich habe nicht gedacht, dass es doch etwas anderes ist, verheiratet zu sein, als einfach zusammenzuleben«, solche und ähnliche Sätze höre ich immer wieder. Die bewusste, in äußeren Formen ausdrücklich gemachte Entscheidung bringt etwas qualitativ Neues. Sie bedeutet immer auch einen Sprung. Selbst die seltenen Menschen, die das Glück haben, plötzlich zu »wissen«, dass es jetzt soweit ist und die Entscheidung gefällt werden muss, empfinden immer noch einen Rest von Dunkelheit und damit ein Risiko. Die Entscheidung erstreckt sich ja auf die Zukunft, und ich habe nur Erfahrung mit der Vergangenheit und dem jetzigen Augenblick. Ich weiß nicht, was die Zukunft bringen wird. Trotzdem entscheide ich mich auch für die Zukunft. Das ist das Risiko, das mit unserer menschlichen Existenz gegeben ist. Wir können ihm nicht ausweichen, es macht zu einem wesentlichen Teil unser Leben und unser Zusammenleben aus. Erst wenn ich mit dem anderen die dunkle Zukunft wage, wird sich unsere gemeinsame Gegenwart mit Sinn füllen.

Viele Menschen vermeiden eine explizite Entscheidung über ihre Paarbeziehung, weil sie es anders machen wollen als ihre Eltern. Deren Beziehung wurde nur noch durch die äußere Form zusammengehalten, aber nicht mehr von der Liebe. Oft ist es also ein emanzipatorisches Anliegen, das die beiden leitet, wenn sie sich nicht zu definitiven Entscheidungen über ihre Beziehung bereitfinden. Sie wollen sich aus einer leer gewordenen Tradition lösen. Dieses Anliegen ist berechtigt, aber es wählt den falschen Weg. Denn die beiden verhindern dadurch gerade, eine Alternative zur traditionell entleerten Eheform zu entwickeln. Das Vermeiden der ausdrücklichen Beziehungsdefinition zugunsten der Wachstumsidee läuft in vielen Fällen gerade im Gegenteil darauf hinaus, dass das Paar sich daran hindert, ins Erwachsenenalter einzutreten. Aus Angst, zu früh »etabliert« zu werden, vermeiden sie, sich auf die gleiche Ebene wie die Eltern zu stellen. Sie leben in einer quasi-adoleszenten Lebensform, in der noch alles offen sein soll. Dem entspricht, dass sie sich nach wie vor im Grunde ihres Herzens als »Sohn« und »Tochter« fühlen. Auch wenn sie die Dreißig schon überschritten haben, leben sie noch wie zwei Jugendliche in Opposition zu den Eltern. Ihre Lebensform ist mehr durch ein »Gegen« (die Eltern) als durch ein »Für« (ihr eigenes Leben und ihre eigenen Ziele) geprägt. Eine wirkliche Auseinandersetzung mit den Eltern wird dabei eher vermieden als geführt.

Eindrücklich ist mir dies noch aus der Arbeit mit einem solch »verjährten Liebespaar« in Erinnerung: Im Beratungsprozess hatten sie sich entschieden, eine Entscheidung für Heirat und Kind zu fällen. Nun tauchte die Frage auf, ob und in welcher Weise man die Eltern zur Hochzeit einladen sollte. Mit einem Schlag wurde, wie die ganze Zeit vorher nie, ihre Verstrickung in Abhängigkeit und Widerstand gegenüber den Eltern deutlich. Darüber hatten sie sich all die Jahre vorher nie Rechenschaft gegeben. Sie hatten die Auseinandersetzung vermieden. Mit der Frage der eigenen Hochzeit lag diese Auseinandersetzung mit einem Schlag auf dem Tisch.

Eine klare, bewusste und definitive Beziehungsentscheidung ist oft der lange anstehende Schritt der Emanzipation von den eigenen Eltern. Erst dadurch nehmen beide den Erwachsenenstatus, den sie dem Alter nach schon lange erreicht haben, subjektiv in Besitz. Erst dann haben sie auch wirklich die Chance, eine Alternative zu entwickeln zu dem, was sie bei ihren Eltern als unbefriedigend erlebt haben.

Ein weiterer Grund, warum bewusste Beziehungsentscheidungen oft vermieden werden, liegt im Erleben, dass man sich mit jeder Entscheidung bestimmter Wahlmöglichkeiten beraubt. Jede Entscheidung schließt andere mögliche Entscheidungen aus. Solange man in einer undefinierten Beziehung lebt, hält man sich auch noch alle anderen Möglichkeiten offen. Vielleicht kommt doch noch ein anderer/eine andere, der/die mich mehr liebt. Und vielleicht will ich ja noch etwas ganz anderes machen, ganz woanders hinziehen oder überhaupt allein bleiben … Wenn ich keine definitive Entscheidung gefällt habe, bleibt das alles – scheinbar! – offen. Mit einer definitiven Beziehungsentscheidung lege ich mich aber fest – und schließe damit andere Möglichkeiten aus. Diese Tatsache macht Angst, und darum wird die Entscheidung vermieden.

Diese Argumentation ist eine Selbsttäuschung. Das Leben entscheidet vieles selber – ohne unser Zutun. Wenn ich Wahlmöglichkeiten verliere, liegt das nicht allein an meinen Entscheidungen. Je länger ich lebe, desto geringer werden meine Wahlmöglichkeiten, ob ich Entscheidungen fälle oder nicht. Irgendwann können keine Kinder mehr kommen. Irgendwann lohnt es sich nicht mehr, in ein gemeinsames Haus zu investieren. Irgendwann gibt es keine beruflichen Alternativen mehr. Das Vermeiden der bewussten Entscheidungen verhindert nicht die Reduzierung der Wahlmöglichkeiten. Es ist ein notwendiger Prozess, dass sich im Laufe der Zeit unsere Lebensmöglichkeiten verringern. Zum Reifungsprozess gehört, dass ich mich an diesem Prozess bewusst und aktiv beteilige und dass ich durch meine Entscheidungen die Breite der Möglichkeiten im Interesse einer Vertiefung bewusst reduziere. Zunächst stehen uns unendlich viele Möglichkeiten offen, und es ist gut und richtig, davon so viele wie möglich auszuprobieren. Aber mit der Zeit muss sich das Spektrum verengen. Ich kann nicht »alles« machen. Ich werde sonst ein oberflächlicher Dilettant. Es geht ab einem gewissen Zeitpunkt nicht mehr nur ums Ausprobieren, sondern ums Verwirklichen, Aufbauen und Ausbauen. Dies ist ein wesentliches Kennzeichen der Reife: einiges wenige, aber das richtig!

Paare, die eine definitive Beziehungsentscheidung vermeiden, halten in ihrer Phantasie an der unbegrenzten Vielfalt der Möglichkeiten fest und behindern sich gerade dadurch, einige Möglichkeiten zu realisieren, zu vertiefen und »wirklich« zu machen.

Es ist außerdem eine sehr einseitige Sichtweise, zu sagen: Jede Entscheidung bedeutet eine Einengung. Das ist nur der eine Aspekt. Auf einer anderen Ebene stimmt gerade das Umgekehrte: Jede wichtige Entscheidung eröffnet neue Lebensmöglichkeiten, das Vermeiden dieser Entscheidungen beraubt uns dieser Lebensmöglichkeiten. Wenn das Paar eine definitive Entscheidung über seine Beziehung fällt, verzichtet es zwar auf die typische Lebensform der Jugend und nimmt Abschied von diesem Lebensabschnitt. Aber es eröffnet sich damit die Möglichkeiten des Erwachsenenalters, und wenn es sich für ein Kind entscheidet, eröffnet es sich die Lebens- und Entfaltungsmöglichkeiten der Elternschaft. Muttersein und Vatersein bringt eine völlig neue Qualität ins Leben, der sie sich sonst verschließen. Die Tatsache, dass die verschiedenen Lebensphasen je ihre eigenen Entfaltungsmöglichkeiten haben, die wir uns verbauen, wenn wir uns weigern, in sie einzutreten, wird freilich durch die in unserer Gesellschaft vorherrschende Jugend-Kultur verdeckt, die nur als positiv erscheinen lässt, was jung, sexy, vital und dynamisch ist. Wer aber viel mit alten Menschen geredet hat, die vielleicht schon auf zwei Generationen Nachkommenschaft zurückblicken können, der weiß, dass ein solches Leben, bei allem Leid, das da erfahren wurde, einen Reichtum enthält, mit dem derjenige sich nicht messen kann, der die Phase der Adoleszenz nie bewusst hinter sich gelassen hat.

Allerdings bedeutet der Eintritt in die neue Phase des Lebens als Paar, wenn sie als bewusster Schritt mit einer definitiven Entscheidung füreinander vollzogen wird, auch einen schmerzlichen Abschied. Er bedeutet Abschied von der Existenz als Kind und Jugendlicher. Früher war es nicht nur den Eltern von Braut und Bräutigam, sondern auch den Brautleuten, jedenfalls der Braut erlaubt, bei der Hochzeit darüber zu weinen. Diese Gefühlsäußerung war angemessen und heilsam. Denn sie half, den Abschied auch wirklich zu vollziehen. Das Vermeiden solch definitiver Entscheidungen, auch das Vermeiden solch ritueller Akte wie die Hochzeit, verwischt solche Übergänge und verhindert, dass Abschiede wirklich vollzogen werden. Damit wird der Schritt von der einen Lebensphase in die andere beeinträchtigt, weil die Aufmerksamkeit noch immer in der vergangenen Phase gebunden ist.

Vielleicht sieht es nach dem Gesagten so aus, als sei ich der Ansicht, für eine gelingende Paarbeziehung brauche es den Trauschein, womöglich sogar die kirchliche Eheschließung. Mir kommt es nicht auf die juristische Form als solche an, auch nicht auf dieses oder jenes Ritual. Es geht hier für mich nicht um weltanschauliche Argumente. Ich bin mir auch bewusst, dass es die verschiedensten und sehr berechtigten Gründe geben kann, aus denen heraus sich ein Paar gegen eine formelle Heirat vor dem Staat oder der Kirche entscheidet. Es geht darum, dass ein symbolischer, ritueller und öffentlicher Akt eine große Hilfe sein kann für die »Verleiblichung« der Entscheidung des Paares. Damit wird der Übergang in eine neue Lebensphase eindeutig markiert. Dafür ist ein Ritual, das öffentlich und gemeinschaftlich vollzogen wird, von unschätzbarem Wert. Man kann immer wieder beobachten, wie Paare, die sich aufeinander wirklich einlassen, auch wenn sie sowohl zur staatlichen wie zur kirchlichen Institution in großer Distanz stehen, aus ihrem eigenen Erleben heraus nach Möglichkeiten suchen, den Schritt ihrer Entscheidung füreinander rituell zu begehen. Das muss nicht vor dem Standesamt und nicht vor dem Geistlichen sein. Ich kenne eine Reihe von Paaren, die aus ihrem eigenen Unbehagen mit der herkömmlichen Form eigene Rituale entwickelt haben, mit denen sie im Kreis ihrer Freunde diesen Akt ausdrücklicher Beziehungsdefinition zum Ausdruck gebracht und gefeiert haben.

Ich habe immer wieder anklingen lassen, dass man es nicht einfach der Entwicklung überlassen kann, sondern Entscheidungen gefordert sind, weil es bei der Beziehung zwischen Mann und Frau um Verbindlichkeit geht. Eine Liebe zwischen Mann und Frau, die das Stadium der ersten Verliebtheit verlassen hat, tendiert auf Verbindlichkeit, sonst gleitet sie in Beliebigkeit ab. Mit Verbindlichkeit ist aber der Anspruch auf Dauer gegeben. Die Wachstumsideologie versucht sich um diesen Anspruch herumzudrücken und diffamiert ihn als Streben, den anderen zu besitzen. Dieses Streben gibt es natürlich, und man muss sich immer wieder klar machen, dass man kein Besitzrecht auf den anderen hat und dass ständiges Loslassen ebenfalls zur täglichen Übung in der Paarbeziehung gehört. Aber der Anspruch auf Verbindlichkeit und Dauer hat nichts mit Besitzstreben zu tun. Er entspricht im innersten Kern der Hingabe aneinander. Wenn ich wirklich sage: »Ich bin dein Mann«, »Ich bin deine Frau«, entsteht Verbindlichkeit und der Anspruch auf Dauer. Und umgekehrt: Wenn ich Dauer und Verbindlichkeit von vornherein ablehne, lasse ich mich auf die Beziehung nicht ganz ein und relativiere sie von vornherein. Damit aber rückt sie der Wichtigkeit nach aus dem Zentrum und gerät unter »ferner liefen«, was weder mir noch dem anderen noch unserem gemeinsamen Bedürfnis nach einer zentral wichtigen Beziehung gerecht wird. Wenn ein Paar diese Entscheidung füreinander fällt, sagen sie zueinander: »Ich will dich ganz als Mann.« – »Ich will dich ganz als Frau.«

»Ganz«: das schließt auch die zeitliche Dimension, die von unserer Existenz nicht zu trennen ist, mit ein. Nur eine solche Entscheidung lässt den anderen letztlich nicht allein, nur sie bedeutet Hingabe, nur sie schafft wirkliche Intimität.

Mit Verbindlichkeit und Dauer sind wir bei einem weiteren heiklen Thema angelangt, beim Thema der »Unauflöslichkeit« der Ehe. Um kein Missverständnis aufkommen zu lassen: Eine quasi gesetzlich festgelegte und mit dem formellen Akt der Eheschließung in Kraft tretende Unauflöslichkeit der Ehe, wie sie von der katholischen Kirche gelehrt wird, lehne ich ab. Mir ist bewusst, wie viel Unheil gerade diese Lehre angerichtet hat, weil sie dafür mitverantwortlich ist, dass Ehen unter menschenunwürdigen Bedingungen aufrechterhalten werden mussten. Doch bin ich der Überzeugung, dass der Hingabe zwischen Frau und Mann eine *innere* »Unauflöslichkeit« zukommt. Die Liebe fordert eine Entscheidung, die mich ganz betrifft, die den anderen ganz betrifft, die also, wenn sie überhaupt eine Entscheidung füreinander ist, zeitlich nicht begrenzt und auch nicht von vornherein an bestimmte Bedingungen geknüpft werden kann, nach dem Motto: »Wir wollen zusammenbleiben, solange wir uns gut verstehen …«

Diese Art von »Unauflöslichkeit« ist nicht gesetzlich vorgegeben und kann auch nicht unter Berufung auf den formellen Akt der Eheschließung eingeklagt werden. Sie hängt an der Ernsthaftigkeit der Entscheidung füreinander. Sie ist nicht ein vorgegebenes, unveränderbares Gesetz, sondern muss im Vollzug immer wieder neu errungen werden. Das heißt: Ob das unauflösliche Band überhaupt geknüpft wird, ob es hält oder wieder zerreißt, liegt nicht vollkommen in der Verfügbarkeit der beiden Partner. Es kann sich herausstellen, dass sie, obwohl sie es wollten, zum Zeitpunkt, da sie das Ja zueinander gesprochen hatten, zu einer solchen Entscheidung noch gar nicht reif waren. Dann »greift« diese Entscheidung nicht, das Band kommt gar nicht zustande. Oder es kann sein, dass die Liebe und die Verbindlichkeit, die zwischen ihnen da waren, durch ihr unachtsames Verhalten verspielt werden, zum Beispiel durch die Verletzung, die entsteht, wenn eine lange Zeit verheimlichte Außenbeziehung offenbar wird, oder aber auch durch die Relativierung einer Beziehung, die entsteht, wenn sich die Partner – liberal und großzügig – Außenbeziehungen grundsätzlich zugestehen. Was ursprünglich vorhanden war, kann durch solche Ereignisse und Vereinbarungen wieder verloren gehen, durch Schuld oder Schicksal, und dann hat es natürlich keinen Sinn, aufgrund eines formalen Anspruchs auf Unauflöslichkeit die Beziehung aufrechtzuerhalten. Schließlich kann es auch sein, dass das Leben uns andere Wege führt, als wir gewollt haben. Es kann sein, dass gegen unsere Absicht und unser Wollen, die auf Verbindlichkeit gingen, der Sinn der Beziehung darin lag, lediglich eine Zeit lang zusammen zu sein, um bestimmte Aufgaben aneinander zu erfüllen, zum Beispiel die Lösung innerer Abhängigkeiten und die Läuterung unserer symbiotischen Wünsche, dass sich aber dieser

Sinn nun erschöpft hat, die Wege auseinander führen und wir uns trennen müssen.

Alle diese Möglichkeiten sind gegeben, aber ich kann sie nicht vorwegnehmen, indem ich eine definitive Entscheidung vermeide oder indem ich in die Entscheidung bestimmte Bedingungen einbaue. Darum erscheint mir zwar ein »Gesetz« der Unauflöslichkeit als unsinnig, und dennoch halte ich es für höchst angemessen, uns bei der Hochzeit zu sagen, dass wir zueinander stehen wollen, »… bis der Tod uns scheidet«. Das allein entspricht der Unbedingtheit der Liebe, die entsteht, wenn Frau und Mann sich aufeinander einlassen.

II Die Kunst, ein Paar zu bleiben

Die Kunst, verbindlich zu werden

Das Bedürfnis nach verbindlicher Bindung ist nicht nur ein kindliches, das erfüllt werden muss, damit ein gutes Aufwachsen möglich wird. Dieses Bedürfnis begleitet uns ein Leben lang. Wir haben in den letzten Jahrzehnten das Erwachsen-Werden vielleicht zu sehr mit einem allzu individualistisch verstandenen Begriff von Autonomie identifiziert. Autonomie, Unabhängigkeit, Eigenständigkeit gehören freilich unverzichtbar zum Erwachsen-Sein. Aber menschliche Autonomie ist immer eine relative. Autonom sein heißt nicht autark sein. Wir sind zutiefst aufeinander angewiesen, um als Menschen leben und auch autonom sein zu können. Wir brauchen es, eingebunden zu sein, um uns als wichtig und liebenswert zu erleben. Und wir brauchen es, für jemanden »einzig«, am wichtigsten zu sein, um zu uns selber Ja sagen zu können. Das suchen wir in der Paarbeziehung, und dazu braucht es diesen ausdrücklichen Akt: »Du – mein Mann, ich – deine Frau«, »Du – meine Frau, ich – dein Mann«.

Einwände

Heißt das bisher Gesagte nicht, dass hier wieder für die lebenslange Ehe plädiert wird, nicht mehr mit weltanschaulich-moralischen Argumenten, aber mit psychologischen? Wird hier nicht wieder eine Festlegung verlangt, die uns Menschen gar nicht möglich ist, und läuft das nicht doch wieder auf die Zwänge hinaus, eine Beziehung aufrechterhalten zu müssen, die unter Umständen schon längst tot ist?

Ja, ich plädiere in gewisser Weise für die lebenslange Partnerbeziehung, und zwar in folgendem Sinn: Das Ja zum Partner, wie ich es oben beschrieben habe, will ein unbedingtes sein: »Bei Tag und bei Nacht, bei Gesundheit und Krankheit, in guten wie in schlechten Tagen …« Was wäre ein Ja zum anderen wert, das ich an Bedingungen knüpfen und im Vorhinein mit möglichen Ausnahmen versehen würde? Es wäre ein Ja mit Vorbehalt und es würde das, was wir wünschen und wollen, nicht erfüllen. Es wäre nicht dieses Ja zu mir, das ich in der Tiefe meiner Seele suche und brauche. Die Verbindlichkeit ist in dem Moment, wo sie eingegangen wird, unbedingt. Sie wäre sonst gar keine Verbindlichkeit. In diesem Sinn finde ich es auch höchst angemessen, wenn Paare sich, wie es in den Hochzeitsritualen beider christlichen Kirchen vorgesehen ist, diese Verbindlichkeit zusagen, »bis der Tod uns scheidet«. Darin kommt ihre Unbedingtheit am prägnantesten zum Ausdruck.

Das heißt allerdings nicht, dass damit das Gelingen der Beziehung bereits vorweggenommen wäre oder das Zusammenbleiben unter irgendeinen Zwang gestellt wird. Natürlich kann auch eine Beziehung, die mit dieser Verbindlichkeit eingegangen wurde, scheitern, durch die unterschiedlichsten Ursachen und Entwicklungen. Zudem bin ich der Überzeugung, dass eine Beziehung gar nicht immer »gescheitert« sein muss, wenn die beiden sich trennen. Es kann sein, dass sie eine Zeit lang gut und wichtig war, dann aber ihren Zweck erfüllt hat und somit zu Ende ist, weil die Wege der beiden in verschiedene Richtung führten. Eine Beziehung, auch wenn wir sie in dieser Verbindlichkeit eingegangen sind, kann dennoch zu ihrem Ende kommen. Wenn wir etwas unbedingt wollen, ist das zwar eine gute Voraussetzung, dass wir es erreichen, jedoch noch lange keine Garantie. Zu unserem menschlichen Schicksal gehört es, dass wir uns unbedingt engagieren müssen, es aber doch nicht in der Hand haben, was dabei herauskommt. Das gilt auch für die Paarbeziehung. Mit diesem Risiko müssen wir leben, und wollten wir dieses Risiko nicht eingehen, würde gar nichts Rechtes herauskommen. Unser Leben würde schal und oberflächlich. »Nur wer an das Unmögliche glaubt, wird das Mögliche verwirklichen« – so oder ähnlich habe ich es unlängst auf einem Poster in einem Zugabteil gelesen. Dieser Satz gilt auch für die Paarbeziehung. Denn selbst wenn sie scheitert, werde ich sie in einer anderen Qualität gelebt haben, als wenn ich sie von vornherein nur als Lebens-Abschnitts-Partnerschaft eingegangen wäre.

Kann Verbindlichkeit in der Beziehung denn nur in einer formellen Ehe gelebt werden, wie es die vorausgehenden Ausführungen nahe zu legen scheinen? Braucht es die juristischen Konsequenzen, braucht es das Standesamt und das kirchliche Ritual? Diese Äußerlichkeiten schaffen doch nur Zwänge, die einer lebendigen Beziehung eher abträglich sind!

Der Akt der Beziehungsdefinition, von dem hier die Rede war, und die äußere Form sind natürlich zweierlei. Es kann gute Gründe geben, menschliche, juristische, steuerliche, vermögensrechtliche und so weiter, welche die beiden zu dem Entschluss bringen, das Standesamt und/oder das kirchliche Trauungsritual zu vermeiden und im juristischen Sinn ledig zu bleiben, obwohl man sich eindeutig zu einer verbindlichen Lebensgemeinschaft miteinander bekennt. Das steht für mich außer Frage.

Andererseits: Wir Menschen sind leibliche und soziale Wesen. Das bedeutet in unserem Zusammenhang zweierlei: Damit etwas für uns volle Wirklichkeit wird, wollen wir es nach außen zum Ausdruck bringen, und wir wollen es anderen mitteilen und mit anderen teilen. Darum entspricht ein Ritual in der Gemeinschaft und vor Vertretern dieser Gemeinschaft, wie es beim Eingehen einer Ehe üblich ist, genau dem, worum es hier geht. Die Vermeidung dieses Ausdrucks im Ritual, die Vermeidung der Öffentlichkeit in diesem Zusammenhang, auch die Vermeidung der entsprechenden rechtlichen Konsequenzen sind darum nicht selten Symptome dafür, dass der Mut und der Wille zur Verbindlichkeit doch nicht ganz vorhanden waren und dieser Schritt ein Stück weit vermieden worden ist. Ich habe mir darum angewöhnt, ohne von vornherein etwas zu unterstellen, unverheiratete Paare, die zu mir kommen, immer zu fragen: »Warum sind sie nicht verheiratet?« Oft steche ich damit in ein Wespennest, denn ich thematisiere Grundfragen dieser Beziehung, die vom Paar bisher zu stellen tunlichst vermieden worden sind.

In den vorausgehenden Ausführungen wird so getan, als ob man Liebe »beschließen« könnte, und das »ein für alle Mal«. Birgt das nicht die Gefahr in sich, dass man träge wird, dass man meint, es sei mit der klaren Beziehungsdefinition getan, und sie so zu einer leeren Hülle wird, hinter der die lebendige Liebe modert und stirbt? Muss sich Liebe nicht jeden Tag neu erweisen, neu bewähren, und ist es da nicht besser, der Entwicklung einen offenen Raum zu lassen – statt sich festzulegen?

Zum menschlichen Leben gehört beides: Es muss sich etwas entwickeln können – dafür ist es wichtig, abzuwarten, sich Zeit zu lassen. Aber es gibt auch den Moment, den »Kairos«, da muss entschieden, gehandelt werden, selbst dann, wenn noch die eine oder andere Unklarheit und Unsicherheit vorhanden ist. Das ist die Kunst, von der hier die Rede ist: zuwarten können, der Beziehung Zeit lassen, sich zu entwickeln – also eine gewisse Passivität; und dann, wenn wir spüren, dass es Zeit ist, sich entscheiden, sich festlegen – also aktiv werden, handeln. Wenn nicht irgendwann spürbar wird, dass »es« jetzt dran ist, ist das wie gesagt ein Grund, ernsthaft über Trennung nachzudenken.

Dabei sehe und erlebe ich natürlich auch immer wieder

die Gefahr, in der vor allem die Männer stehen, nämlich zu meinen, mit diesem Schritt, zum Beispiel mit der Heirat, alles Wesentliche für die Beziehung getan zu haben. Aber das wäre ein großes Missverständnis dessen, was ich hier sagen möchte. Die Entscheidung füreinander muss im täglichen Leben umgesetzt, eingeholt, immer wieder neu vollzogen werden. Darüber wird in diesem Buch noch ausführlich die Rede sein. Auch wenn ich es nicht in der Hand habe, dass es gelingt: Der Akt der Verbindlichkeit beinhaltet, dass ich alles daransetzen werde, diese Verbindlichkeit im täglichen Leben zu realisieren.

Hinweise

Sollten Sie bemerkt haben, dass Sie irgendwann einmal zwar äußerlich bestimmte Akte vollzogen, zum Beispiel eine formelle Ehe eingegangen sind, aber damals innerlich den Schritt in die Verbindlichkeit nicht wirklich vollzogen haben, weil sie »wegen des Kindes« geheiratet haben oder »weil es praktischer war«, weil sie so Steuern sparen konnten und dergleichen, können Sie den inneren Schritt jetzt immer noch nachholen, indem Sie beispielsweise ein nachträgliches Hochzeitsritual veranstalten, bei dem Sie Ihre Zusage zueinander als Mann und Frau auch innerlich »nachholen«.

Die Kunst, die Fremdheit zu überwinden

Partner sollten sich viel voneinander erzählen, und sie sollten viel voneinander wissen wollen. Sonst droht die Gefahr wachsenden gegenseitigen Befremdens und fortschreitender Entfremdung. Die Entdeckung der fremden Seiten am Partner wird so nicht zum Verlust der anfangs erlebten Vertrautheit, sondern im Gegenteil zur Chance, diese zu vertiefen und zu erweitern. Damit geschieht ein wesentlicher Schritt zur Weiterentwicklung der Verliebtheits-Liebe in eine reife Erwachsenen-Liebe.

Einwände

Ist das wirklich ein Ziel, möglichst alles vom anderen zu wissen? Soll der andere nicht immer auch ein Geheimnis bleiben? Führt der hier vertretene Grundsatz nicht zu einer die Liebe gefährdenden Entzauberung des anderen?

Keine Sorge! Der andere wird mir immer auch ein Geheimnis bleiben. Wie ich meine, deutlich gemacht zu haben, geht es bei der vorgeschlagenen Entdeckung des anderen nicht um eine kaltschnäuzige und distanzierte Analyse. Es ist ein Erforschen und Entdecken aus einer Haltung liebenden Interesses. Begegne ich dem anderen in dieser Haltung, tun sich mir immer wieder neue Welten auf. Je mehr ich ihn mir vertraut mache, desto mehr erlebe ich ihn auch als etwas Geheimnisvolles, das immer wieder anziehend bleibt und von neuem anziehend wird.

Richtig ist zweifellos: Wenn einer vom Partner sagt, »Ich kenne ihn oder sie in- und auswendig«, dann will er damit oft begründen, dass nicht mehr »viel los« ist in der Beziehung, meist vor allem im sexuellen Bereich. Meiner Erfahrung nach ist dieses Kennen allerdings eher ein »Sich-an-den-anderen-gewöhnt-Haben«, den anderen in den grauen Alltag eingereiht haben, ihn wie eines der Möbelstücke zu erleben, deren Anwesenheit man voraussetzt, deren Existenz einem aber gar nicht mehr so recht bewusst ist. Diese Art von »Kennen« tötet auf die Dauer die lebendige Liebe tatsächlich, und wenn es überhand nimmt, ist es gerade angesagt, sich auf den Weg eines neuen Kennenlernens zu begeben, neue Begegnung zu wagen, sich mit dem Herzen dem anderen wieder zuzuwenden. Nicht selten passiert genau das durch eine Krise, die alles bisher Gewohnte durcheinander wirbelt. Vielleicht aber könnte man manche Krise vermeiden, wenn man schon ohne eine solche immer wieder die Entdeckungsreise in das unbekannte Land des anderen wagen würde.

Es gibt Menschen, die wollen nicht über ihre Vergangenheit reden. Manchmal haben sie auch so gut wie keine konkreten Erinnerungen daran. Auf jeden Fall ist ihnen das Thema Vergangenheit und Herkunftsfamilie höchst unsympathisch. Hieße das, zu solchen Menschen wird immer eine Distanz bleiben und würde eine Beziehung sehr beeinträchtigt?

Manchmal sind Partner solcher Menschen so sensibel und intuitiv, dass sie trotzdem die wesentlichen Dinge beim anderen »ahnen« und sie mit großem Einfühlungsvermögen berücksichtigen. Aber wenn jemand nicht über solche Fähigkeiten verfügt, macht es ihm der, der nicht über sich und seine Vergangenheit sprechen will, sehr schwer. Die Gefahr, dass eine Fremdheit bleibt, die nicht überwindbar ist und bestehen bleibt, ist dadurch gegeben.

Die andere Gefahr ist, dass die Beziehung eine sehr einseitige Angelegenheit wird: Der eine, meist die Frau, ahnt und erfasst und berücksichtigt alles Mögliche beim Partner, und dieser, meist der Mann, bleibt in sich hermetisch abgeschlossen wie ein Turm ohne Fenster. Eine Zeit lang mag das gut gehen, vielleicht gibt es dem Verschlossenen sogar das Flair des Faszinierenden und Interessanten. Aber auf die Dauer wird es, wie schon erwähnt, ein Ausbeutungsverhältnis, und wenn die Frau dann einem offenen, mitteilsamen Mann begegnet, kann die Beziehung sehr rasch zu Ende sein, und der frühere Partner bleibt einsam in seinem Turm zurück.

Manche Menschen haben schlimme, entwürdigende Dinge in ihrer Kindheit erlebt, wie Gewalt und Missbrauch. Manche haben auch Dinge getan, derer sie sich heute schämen und über die sie deshalb nicht reden wollen. Soll man das alles dem anderen offenbaren? Kann es nicht sein, dass er sich dann geschockt abwendet?

Was heute wirklich keine Rolle mehr spielt, was wirklich vergangen ist, muss ich nicht offenbaren. Ich »muss« überhaupt nichts offenbaren. Es geht vielmehr darum, dem anderen nahe zu kommen und den anderen nahe an mich heranzulassen. Was in meiner Gegenwart keine Rolle mehr spielt, was in diesem Sinn wirklich vergangen, weg ist, muss ich nicht hervorholen, weil es in meinem Hier und Jetzt nicht mehr vorkommt. Es geht hier um die Dinge, die in meine Gegenwart hereinwirken, die mich bedrängen, beeinflussen, manchmal umtreiben … In den meisten Fällen wird das bei erlebter Gewalt und erlittenem Missbrauch so sein, aber wie jeder weiß, gibt es da noch viel mehr und Subtileres, das von dieser Art ist: Es fließt in mein Verhalten und in die Art, wie ich bin und mich gebe, auf vielfache Weise ein. Es geht auch bei Dingen, die ich nicht erlitten, sondern selber zu verantworten habe, um die unerledigten Angelegenheiten, die immer noch meine Seele und mein Gemüt bedrängen, beschäftigen, mich umtreiben. Offenbare ich diese dem Partner nicht, offenbart er sie nicht vor mir, lernen wir wichtige Teile unserer Persönlichkeiten nicht kennen. Die daraus resultierenden Verhaltensweisen bleiben fremd und befremdlich. Es wird daraus ein »bösartiges Geheimnis«, das die Beziehung vergiftet, zum Beispiel wie im Fall von verschwiegenem Missbrauch: Weil der Partner nichts weiß davon, schiebt er die sexuellen Probleme, die daher rühren, dem Partner als Schuld oder Unfähigkeit in die Schuhe und macht ihn noch ein weiteres Mal zum Sündenbock, anstatt mitfühlend auf das Erlittene einzugehen.

Hinweise

Seien Sie neugierig und interessiert am anderen. Sprechen Sie alles an, was Ihnen an ihm »frag-würdig« erscheint. Und: Tun Sie es, bevor Sie über das Fremde, das Ihnen in ihm begegnet, ärgerlich werden und das Bedürfnis haben, es zu kritisieren.

Die Kunst, füreinander frei zu werden

Der Mann, der mit seiner Mutter im Hader lebt, wird seine Abneigung und seinen Hass im Lauf der Zeit auf seine Frau abladen. Der Mann, der seinen Vater innerlich ablehnt, wird sich selbst als Mann ablehnen und damit als Partner auf die Dauer seiner Frau nicht gerecht werden.

Die Frau, die unversöhnt ist mit ihrem Vater, wird ihre Ablehnung auf die Dauer auch auf ihren Mann ausdehnen. Die Frau, die ihre Mutter innerlich nicht akzeptieren kann, wird sich selbst in ihren Möglichkeiten als Frau beschneiden und darum ihrem Mann nicht in vollem Sinn eine Partnerin sein können.

In abgeschwächter Form gilt das Gesagte auch von den gleich- und gegengeschlechtlichen Geschwisterbeziehungen. Hier ist es allerdings sehr unterschiedlich, wie existenziell die Bedeutsamkeit war, die diese für mich erlangt haben. Je nachdem haben sie einen größeren oder geringeren Einfluss auf mein jetziges Paar-Leben.

Einwände

Wird hier nicht ein familiengeschichtlicher Fatalismus vertreten? Wo bleibt dabei unsere Freiheit in der Gestaltung des eigenen Lebens? Wo die Möglichkeit, gegenüber der früheren Generation etwas Neues, Besseres zu schaffen?

Ich bin ein entschiedener Vertreter der Freiheit unseres Handelns und der menschlichen Möglichkeit, sich aus den Fesseln der Vergangenheit zu lösen. Nur: Wir können nicht so tun, als wären wir dabei vollständig voraussetzungslos und unabhängig. Wir können uns nicht einfach nach Gutdünken so definieren, wie wir es gerade wollen. Unsere Freiheit besteht darin, »etwas aus dem zu machen, was die Verhältnisse aus uns gemacht haben« (Hildenbrand/Welter 1996). Das heißt, wir müssen uns auf das beziehen, was uns vorgegeben ist. Und hier gibt es gewisse »Gesetzmäßigkeiten«. Eine dieser Gesetzmäßigkeiten ist: Damit Freiheit möglich wird, damit wir etwas Neues, Besseres gestalten können, müssen wir das Alte versöhnt hinter uns lassen können. Ablehnung, innere Anklage zeigen, dass der alte Kampf noch nicht zu Ende ist. Ich hänge noch am Vergangenen. Erst wenn ich sagen kann: »Ich bin der Sohn, die Tochter dieser Eltern, und ich stimme dem zu, mit allem, was es bedeutet«, dann bin ich dem Kampf entronnen, dann lasse ich das Vergangene vergangen sein und bin frei für die Zukunft, und erst dann schiebt sich das Erlebte und Erlittene nicht mehr als trennendes Hindernis zwischen mich und den Partner.

Aber was geschieht, wenn zwischen Eltern und Kindern so furchtbare Dinge passiert sind, dass keine Versöhnung, kein »Ja« zu den Eltern möglich ist? Sind Menschen dann dazu verurteilt, wie im Bann eines Fluches zu leben und diesen in die nächste Generation weiterzugeben?

Ja, es gibt sehr schlimme Dinge zwischen Eltern und Kindern: Gewalt, Missbrauch, Rücksichtslosigkeit, Demütigung, Missachtung der kindlichen Bedürfnisse und vieles mehr. Mit Versöhnung ist nicht gemeint, dies zu billigen oder in etwas Positives »umzudeuten«. Das Schlimme bleibt schlimm. Aber die geballte Faust des Kindes und später des Erwachsenen gegen den betreffenden Elternteil ist zwar verständlich, und sie ist oft auch ein gewisser Schutz gegen den brennenden Schmerz der Wunde, die ihm zugefügt wurde. Allerdings ist sie ein Schutz um den Preis, sich selber hart zu machen, und diesen Preis zu zahlen lohnt nicht. Denn die geballte Faust fesselt an die Vergangenheit, schließt nicht mit ihr ab, lässt sie gerade nicht los. Wenn ein solcher Mensch die Hand öffnet, tut das zunächst sehr weh. Die Wunde wird wieder spürbar. Es ist kein »Fest der Versöhnung« mit Freude und Jubel, was hier beginnt, es ist eine Zustimmung zur bitteren Ohnmacht und zum Ausgeliefert-Sein des Kindes und zugleich zu seiner dennoch vorhandenen Angewiesenheit auf die Eltern: »Du hast mir das angetan, das war nicht recht, und es hat sehr weh getan. Du hättest das nicht tun dürfen. Und dennoch bist du mein Vater/meine Mutter und ich dein Kind, das von dir das Leben hat und deshalb zutiefst mit dir verbunden ist! Ich stimme dem zu, und ich nehme von dir, was du mir gegeben hast – und ich mache etwas daraus!« Das hat nichts mit »Friede, Freude, Eierkuchen« zu tun und nichts – wie gesagt – mit Gutheißen oder Entschuldigen dessen, was mir angetan wurde. Aber es ist das Wesentliche dessen, was mit Versöhnung gemeint ist. Wenn es darüber hinaus noch möglich wird, dass wir die Eltern aus ihrer persönlichen, familiären und geschichtlichen Situation heraus in den Motiven ihrer Taten und Versäumnisse besser verstehen, können sich unsere Gefühle ihnen gegenüber in vielen Fällen auch noch ein Stück weiter aufhellen, sodass ein friedvollerer Zustand zwischen uns und ihnen entsteht, der es uns ermöglicht, das Vergangene tatsächlich hinter uns zu lassen und unsere Partner nicht mehr in seinen zerstörerischen Sog hineinzuziehen (zum Thema »Versöhnung mit den Eltern« vgl. Glöckner 2002).

Hinweise

Wenn ich meine, ich könnte meine Vergangenheit dadurch hinter mir lassen, dass ich mir vornehme, jetzt zu meinem Partner/meiner Partnerin ganz anders zu sein, als ich es zwischen Vater und Mutter erlebt habe, und es mit meinen Kindern viel besser zu machen, als sie es mit mir gemacht haben, bin ich im Irrtum. Die Vergangenheit wird mich einholen. Auch wenn ich mich ihr nicht naiv unterwerfe (zum Beispiel nach dem Motto: »Mir hat es nicht geschadet, wird es meinem Kind auch nicht schaden ...«), sondern sie sogar heftig ablehne und zurückweise, bleibe ich in ihrem Bann. Für die jetzige Liebesbeziehung ist es also von existenzieller Bedeutung, dass ich mich mit meiner Vergangenheit auseinander setze, mich mit ihr aussöhne, denn nur so entziehe ich mich der Gefahr, sie in der Gegenwart mit meinem Partner und mit meinen Kindern zu wiederholen.

Die Kunst, einander gut zu tun

Wir können registrieren, was uns an konkreten Verhaltensweisen des anderen gefällt, und dies mitteilen:

- »Wie du gestern den Franzi dazu gebracht hast, doch seine Bockigkeit aufzugeben und von sich aus in den Kindergarten gehen zu wollen, das fand ich einfach große Klasse!«
- »Du warst gestern eine wunderbare, charmante Gastgeberin!«
- »Also, das hat mir imponiert, wie du dem Vermieter gerade seine Grenzen aufgezeigt hast!«

So gibt es tausend Gelegenheiten, dem anderen positive Resonanz zu geben.

Es tut einer Beziehung weiter sehr gut, wenn wir positive Eigenschaften des anderen immer wieder hervorheben.

- »Dein Lachen ist so schön.«
- »Ich mag dein festes Haar so gerne.«
- »Du bist so schön groß – richtig zum Anlehnen!«

Es mag sein, dass der andere für solches und Ähnliches wirklich nichts kann. Solche Eigenschaften sind nicht seine Leistung, sodass er Anerkennung dafür »verdienen« würde. Aber tut uns nicht solche Art von Resonanz noch mehr gut als diejenige für »verdienstvolles« Verhalten? Solche Eigenschaften liegen noch näher an unserer Person, darum erleben wir positive Resonanz darauf noch stärker als ein Ja zu uns insgesamt. Wir brauchen diese positive Resonanz auf unsere Existenz nicht nur als Säuglinge, um gesund aufzuwachsen, wir brauchen sie ein ganzes Leben hindurch, und die Intimität der Paarbeziehung bringt es mit sich, dass wir sie vor allem hier suchen. Bekommen wir sie in der Beziehung zu wenig, beginnt unser Herz – ohne dass wir es vielleicht merken – auf die Suche zu gehen, und findet sich jemand, der uns diese positive Resonanz zuteil werden lässt, spüren wir, dass uns in der Paarbeziehung etwas Zentrales fehlt.

Es könnte nun der Eindruck entstehen, positive Resonanz müsste immer mit Worten vermittelt werden. Dies meine ich aber nicht. Von großer Bedeutung sind hier auch Blicke, Gesten, Berührungen. Wenn ich spüre, wie meine Partnerin meine Hand zart berührt, vermittelt sie mir: »Ich mag dich.« Ein kleines Lächeln zwischendurch lässt eine innige Verbindung zwischen uns entstehen – womöglich inmitten einer frustrierenden Veranstaltung. Sie schaut mich an – und ich spüre in ihrem Blick Zuneigung und Sympathie ... Solch kleine Zeichen sind mindestens so wichtig wie verbale Bezeugungen, und jedes Paar sollte hier sein eigenes, unverwechselbares Repertoire entwickeln und pflegen.

Einwände

Damit es in einer auf Dauer angelegten Beziehung aushaltbar wird, müssen wir uns doch immer wieder deutlich machen, was uns aneinander stört. Das heißt: Wir können nicht nur das Positive betonen. Wir müssen Kritik üben und auch Kritik einstecken. Dabei wäre es unrealistisch, zu meinen, es könnte im Alltag immer hochsensibel und liebevoll zugehen. Da wird es auch lautstarke Worte, Anschuldigungen, Abwertung, Ärger und Vorwurfshaltung geben. Das heißt: Wir müssen auch Negatives aushalten lernen. Ohne das gäbe es doch keine Veränderung!

Ich sage dazu: Genau das Gegenteil ist der Fall. Mit negativer Kritik erreichen wir das Gegenteil von dem, was wir wollen, wir erreichen Nicht-Veränderung. Das Störende, das wir dadurch weghaben wollen, verstärken wir vielmehr, ja, wir erschaffen es dadurch geradezu, und je öfter wir in dieser Weise kritisch werden, desto mehr wird es zwischen uns wachsen.

In gewisser Weise muss ich dem Einwand allerdings auch zustimmen: Negativität lässt sich nicht vollständig aus dem Zusammenleben der Partner ausschalten. Wir sind nicht immer sensibel, wir werden ab und zu unfair und unverhältnismäßig in unserer Kritik. Oder wir treffen bei aller Vorsicht mit unserer Kritik einen besonders wunden Punkt beim anderen, sodass er diese gerade nicht einstecken kann, sondern zurückschlagen »muss«.

Der amerikanische Paar-Forscher John Gottman (2000) hat uns hier durch seine Untersuchungen wichtige Erkenntnisse geliefert. Er fand heraus, dass Negativität einer Paarbeziehung dann nicht schadet, wenn die positiven Impulse die negativen stark überwiegen. Er will herausgefunden haben, dass dies im Verhältnis von 5 zu 1 geschehen müsste. Fünf positive Impulse würden einen negativen in seiner Wirkung neutralisieren. Das an diesem genauen Zahlenverhältnis festzumachen, mag manchem vielleicht allzu formalistisch erscheinen, wichtig daran aber ist: Das Positive, die Anerkennung, das Lob, die Zeichen der Zuneigung müssen – faire oder unfaire – Kritik ein gutes Stück überwiegen, damit sie ihr Ziel, nämlich Veränderung, erreichen. Ist das nicht der Fall, kann diese Kritik noch so sehr von der Absicht nach angemessener Veränderung getragen sein – sie wird das Gegenteil bewirken. Wir sind darauf angewiesen, uns von den Menschen, die uns nahe stehen, positiv gehalten und von ihrem Wohlwollen umgeben zu fühlen. Dann vertragen wir auch Kritik und können sie uns zu Herzen nehmen. Und es bedarf dabei immer großer Achtsamkeit, dass die Kritik den positiven Halt nicht schnell zerstört. Wir Menschen sind da alle sehr empfindlich. Darum braucht es dieses Bemühen darum, dass die positiven Impulse die negativen immer wieder überwiegen, damit sich die geschilderten Negativitäts-Spiralen nicht entwickeln und die Basis der Beziehung zerstören.

Führt dieses Betonen des Positiven nicht dazu, dass vieles, was angesprochen werden müsste, unter den Teppich gekehrt wird? Und entsteht dadurch nicht die Gefahr, dass es irgendwann eine zerstörerische Explosion gibt, wenn es zu viel wird? Oder auch eine »Implosion«, das heißt Erkrankungen, psychosomatische Beschwerden, emotionale Verstimmungen usw. bei demjenigen, auf dessen Kosten diese »Positivität« hauptsächlich geht?

Hier wird keineswegs die Empfehlung gegeben, Problematisches in der Beziehung zu verschweigen oder gar auszublenden und so zu tun, als gäbe es dies nicht. Es ist im Gegenteil sehr wichtig, Dinge, die schief zu laufen beginnen, rechtzeitig und deutlich anzusprechen. Aber es kommt sehr darauf an:

Erstens, wie das geschieht. Das kann mit ätzender Kritik sein oder zugewandt, ernsthaft, getragen von der Sorge um die Beziehung: »Gerade weil du mir so wichtig bist und mir so viel an unserer Beziehung liegt, muss ich das Thema XY heute mit dir ansprechen …« Problematisches thematisieren, das muss keineswegs heißen, keine positiven Impulse mehr in die Beziehung hineinzugeben!

Zweitens, in welcher Gesamtatmosphäre der Beziehung Probleme angesprochen werden. Haben wir uns bisher annähernd an die »Fünf-zu-eins-Regel« gehalten, dann verlieren wir auch unsere positive Grundhaltung zueinander nicht, wenn wir uns mit diesem oder jenem Punkt heftig auseinander setzen. Vielmehr haben wir dann einen Boden, der auch in ernsthaften Auseinandersetzungen trägt.

Aber wo bleibt hier die Authentizität? Ist diese Betonung des Positiven nicht etwas Künstliches? Kommt es dann noch glaubwürdig rüber?

Das Positive in der Beziehung betonen heißt nicht, dem anderen Honig ums Maul schmieren. Und noch weniger heißt es, den anderen aus taktischen Gründen und aus Berechnung loben oder anerkennen. Dies wirkt sich in einer Beziehung tatsächlich schlecht aus, abgesehen davon, dass es auf Dauer dem Partner gegenüber gar nicht durchzuhalten ist. Es geht nicht um Taktik und Strategie. Es geht um Achtsamkeit. Wir drücken einander so wenig Positives aus, nicht weil es nicht vorhanden wäre, sondern weil wir zu wenig darauf achten. Es braucht also einen Einstellungswandel, nämlich eher auf das halb volle Glas zu schauen als auf das halb leere, dann kommen Lob und Anerkennung auch echt rüber.

Hinweise

Insgesamt ist zu sagen, dass wir die verbale oder auch nonverbale Betonung des Positiven am anderen wirklich zu wenig gelernt haben. Vielleicht ist das Ausdruck einer puritanischen Einstellung: Wir dürfen es uns im Leben nicht zu gut gehen lassen, sonst werden wir übermütig ... Darum lieber streng sein, lieber auf das halb leere als auf das halb volle Glas hinweisen, damit wir nicht faul, genusssüchtig oder lasterhaft werden. Von einer solchen Lebenseinstellung ist auf der Ebene unseres Bewusstseins nicht mehr viel übrig geblieben. Aber sie ist noch präsent darin, dass wir oft nicht wissen, wie wir uns das Leben gegenseitig schön und genussreich machen können. Darum kann es richtig und hilfreich sein, dass wir die Betonung des Positiven förmlich lernen, indem wir uns beispielsweise Formulierungen aneignen und einprägen, die sich dazu eignen: »Ich freue mich, das zu hören!« »Ich danke dir dafür, dass du mir das gesagt hast.« »Finde ich richtig gut, wie du das machst«, und so weiter. Wie man eine Fremdsprache lernt, so müssen viele von uns die positive Sprache der Liebe erst lernen. Man kann sich hier nicht auf die Spontaneität verlassen. Spontan kommen uns Mahnungen und kritische Bemerkungen über die Lippen. Wir brauchen manchmal vorformulierte Sätze, um das Positive, das wir für den anderen empfinden, auch zu ihm herüberzubringen.

Die Kunst, Verletzungen wieder gutzumachen

Es bleibt nicht aus, dass wir den anderen im Alltag der Beziehung auch verletzen. Geschehene Verletzungen sind Realitäten in der Beziehung, die wir nicht einfach beiseite schieben können. Wir müssen mit ihnen umgehen.

Wie heilt man Verletzungen? Fünf Dinge scheinen mir von Bedeutung zu sein, um in einer Paarbeziehung Verletzungen überwinden zu können: ansprechen, verstehen, anerkennen, um Verzeihung bitten/Verzeihung gewähren, Wiedergutmachung.

Ansprechen: Als Erstes ist es nötig, dass derjenige, der sich verletzt fühlt, diese Verletzung auch anspricht.

Verstehen: Die Überwindung von Verletzungen scheitert oft daran, dass einer von beiden oder beide nicht verstehen, was eigentlich geschehen ist.

Anerkennen: Ich höre in der Therapie immer wieder: »Wenn er/sie nur anerkennen könnte, dass mich das verletzt hat, dann könnte ich's gut sein lassen!« Dass jemand immer wieder auf alten Verletzungen »herumreitet«, hat nicht selten darin seinen Grund, dass der andere sie niemals anerkannt hat. »Ja, ich anerkenne es, ich habe dich damit schwer verletzt« – das wäre oft der erlösende Satz, der bewirken könnte, dass die Verletzung in der Vergangenheit versinkt!

Um Verzeihung bitten und Verzeihung gewähren: Der Täter verneigt sich gleichsam vor dem Opfer. Der Verletzte muss bereit sein, Verzeihung zu gewähren.

Wiedergutmachung: Die Möglichkeit einer Wiedergutmachung durch konkretes Tun zu nutzen, kann für beide, den Verletzten und den Verletzer, eine große Hilfe sein. Was als Wiedergutmachung gilt, muss vom Verletzten selbst definiert werden.

Einwände

Manchmal empfinden Menschen, obwohl sie alles versuchen, was hier genannt wurde, dass sie dennoch ihrem Partner etwas, das er getan oder unterlassen hat, nicht verzeihen können. Die Verletzung ist zu groß. Was dann?

Ich stelle bei diesem Einwand zunächst mal in Frage, dass die beiden wirklich alles versucht haben. Vor allem: Haben es wirklich *beide* versucht? Wenn sich nur einer darum bemüht, der andere aber nicht mitmacht, wird es tatsächlich sehr schwierig. Das kann Versöhnung tatsächlich unmöglich machen.

Oft stelle ich außerdem fest, dass das Nicht-Verzeihen-Können damit zu tun hat, dass einer oder beide noch keinen Weg gefunden haben, den anderen in seinem Tun und in seinem Erleben aus dessen Position heraus zu verstehen (»sich in die Schuhe des anderen stellen können«!). Möglicherweise bräuchten die beiden hier zusätzliche Hilfe durch eine Paartherapie, diesen Zugang zur Welt des anderen zu finden, dann würde der Aussöhnungsprozess vielleicht doch in Gang kommen.

Des Weiteren müsste man fragen: Wenn tatsächlich kein Weg zum Verzeihen gefunden werden kann, könnte es nicht sein, dass dies ein Zeichen dafür ist, dass die Beziehung eben zu Ende ist und eigentlich eine Trennung ansteht? Und dass die Anklagen gegen den, der verletzt hat, eigentlich eine Art Ersatzhandlung sind? Mindestens könnten sie ein Zeichen sein, dass etwas zwischen den Partnern steht und nicht zu beseitigen ist, das wirkliche Nähe zueinander verhindert und auch weiterhin verhindern wird. Was das für den weiteren Bestand der Beziehung sagt, ist zunächst offen. Ob man sich deshalb trennt oder nicht, ist ja immer auch davon abhängig, wie die Positiv-Negativ-Bilanz der Beziehung insgesamt ausfällt. Es kann sein, dass die Vorteile, die jemand aus einer Beziehung schöpft, dennoch überwiegen und er den Preis bleibender Distanz zum Partner deshalb zu zahlen bereit ist. Das, was ich unter einer lebendigen Liebe verstehe, wird es wohl zwischen den beiden nicht mehr geben, trotzdem können sie oder einer der beiden es vorziehen, so miteinander weiterzuleben.

Gibt es nicht bei den hier vorgeschlagenen »Versöhnungsstrategien« tausend Möglichkeiten des Missbrauchs? Das Verstehen kann vorgetäuscht, das »Bitte um Entschuldigung« kann einfach so dahingesagt und die »Wiedergutmachung« kann ein bloß äußeres Tun sein. Das sind doch dann billige Tricks, sich aus der Affäre zu ziehen, aber sie bewirken nichts.

Richtig. Alles, was hier gesagt wird, kann als billiger Trick missbraucht werden. Wenn Betroffene dieses Gefühl haben, müssen sie es ansprechen und den Partner damit konfrontieren. Meine Vorschläge schützen vor Missbrauch nicht. Sie richten sich an jene, die den ehrlichen Willen haben, Verletzungen, die die Beziehung belasten, loszuwerden. Auf dieses Bedürfnis hin sind sie formuliert: als Wegweiser für den, der von sich aus einen solchen Weg gehen will.

Wie soll eine »Wiedergutmachung« wirklich etwas wieder gutmachen? Hier wird doch versucht, etwas »Inneres«, nämlich eine seelische Verletzung, mit etwas »Äußerem«, nämlich einem Tun und Handeln, aufzuwiegen!

Das Tun, um das es hier geht, kann nicht »von sich aus« die Verletzung gutmachen, das steht außer Frage. Die Wiedergutmachung geschieht durch die Bedeutung, die beide diesem Tun zuschreiben. Es soll ein Zeichen sein, dass es dem Verletzer wirklich ernst ist mit seinem Willen zur Versöhnung, und der Verletzte bringt durch die Annahme zum Ausdruck, dass er den anderen nicht ewig in der Schuldposition halten will. Das wird freilich unter Umständen erleichtert, wenn die Wiedergutmachungs-Tat auch einen inneren Bezug zu der Verletzung hat. Auch dass es den Verletzer unter Umständen wirklich etwas »kostet« – Zeit, Energie, Geld –, kann angesichts der Schwere der Verletzung ein angemessener Ausdruck sein. Aber »objektiv« verrechnen lassen sich Verletzung und Wiedergutmachung niemals. Wir sind es, die uns diesen Weg als Ausgleichsmöglichkeit schaffen und ihm diese Bedeutung geben.

Meist ist eine Verletzung doch bereits eine Reaktion auf eine vom andern vorher angetane Verletzung. Wenn ich um Verzeihung bitten und gegebenenfalls Wiedergutmachung leisten soll, geht mir dann nicht ständig durch den Kopf: »Ja und ich? Was ist mit der Verletzung, die er/sie mir angetan hat?« Wenn ich aber auf diesem Einwand bestehe, kommen wir dann nicht in ein endloses gegenseitiges Aufrechnen hinein, das zu nichts führt?

Solches Aufrechnen ist auf jeden Fall zu vermeiden, denn es reißt nur alte Wunden wieder auf. Ich würde aber verneinen, dass die Verletzungen »meist« wechselseitig sind. In vielen Fällen liegt durchaus eine eindeutige Einseitigkeit vor. Für die Fälle jedoch, in denen die Gefahr des gegenseitigen Aufrechnens besteht, weil tatsächlich die Verletzung des einen eine Reaktion auf die Verletzung des Anderen war, gebe ich hier noch zwei Hinweise: Man setzt sich zuerst mit der Verletzung des einen auseinander und schafft sie aus der Welt und dann mit der des anderen: Zuerst entschuldige zum Beispiel ich mich für meins bei dir und sage dir eventuell eine Wiedergutmachung zu, danach bist du dran, entschuldigst dich und verpflichtest dich zu einer Wiedergutmachung. Jeder von uns beiden muss dann eben aushalten, dass es zuerst nur um den einen und dann nur um den anderen geht. Es wird eine Hilfe sein, diese Einseitigkeit auszuhalten, wenn wir vereinbart haben, dass jede Seite zur Geltung kommen wird.

Wenn das trotzdem ins Unendliche zu führen droht, gibt es schließlich auch noch diese Möglichkeit: Wir sagen uns gegenseitig: »Ich hab dir eine Menge angetan, du hast mir eine Menge angetan. Damit sind wir quitt. Komm, machen wir einen Strich unter das Ganze und lass uns neu beginnen!« Eine zusätzliche Hilfe kann es in diesem Fall sein, dass jeder nochmals – ein letztes Mal – das ganze Sündenregister des anderen hervorholt, jede Untat, die er ihm angetan hat, in einer Liste auf einen Zettel schreibt, dann tun wir die Zettel zusammen und verbrennen sie oder werfen sie auf Nimmerwiedersehen in den nächsten Fluss …

Hinweise

Paare müssen heutzutage viel mehr als in früheren Zeiten, als die Art, zu leben und zusammenzuleben, sehr viel stärker kollektiv festgelegt war, »nach ihrer eigenen Façon selig werden«, das heißt, sie sind in sehr vielen Angelegenheiten des Zusammenlebens allein auf sich und ihre subjektiven Fähigkeiten angewiesen. Darum ist es sehr hilfreich, wenn Paare für sich gemeinsame Vorgehensweisen entwickeln, auf die sie dann bei Bedarf zurückgreifen können. »Eine eigene Beziehungskultur entwickeln« – so nenne ich das. Das gilt besonders auch für das hier behandelte Thema des Umgangs mit Verletzungen. Die hier vorgeschlagenen Aspekte »ansprechen – verstehen – anerkennen – um Verzeihung bitten und diese gewähren – Wiedergutmachung« können dafür eine Unterstützung sein. Aber sie sind es nur, wenn die Partner sich entscheiden, so oder ähnlich damit umzugehen. Sie brauchen ihre Worte und ihre Formen dafür, und sie müssen beide zum Beispiel beschließen, dass so etwas wie »Wiedergutmachung durch konkretes Handeln« in ihrem Leben möglich und gültig sein soll. Das gilt ähnlich auch in vielen anderen Angelegenheiten des Paar-Lebens, bei diesem heiklen Thema der Verletzungen scheint es mir aber besonders wichtig, es zu betonen.

Die Kunst, einander nah zu kommen

Um diesem zentralen Bedürfnis der Partnerschaft Rechnung zu tragen, sind wir immer mehr auf unsere eigene Initiative und Kreativität angewiesen. Wir müssen uns die Räume für die Pflege der Intimität selber schaffen. Die Gefahr ist sonst sehr groß, dass wir unter die Räder der Pflicht und der Gewohnheit geraten. Das war früher anders. Da gab es vorgegebene Freiräume: den Feierabend, die Sonntage und die religiösen Feiertage, an denen »knechtliche Arbeit« verboten war. Nicht dass diese Zeiten immer für die Intimität genutzt worden wären. Aber sie haben jedenfalls dafür gesorgt, dass die Menschen nicht ganz von Arbeit und Pflichterfüllung aufgefressen wurden. Im Zeitalter der flexiblen Arbeitszeiten, der verlängerten Öffnungszeiten, der Wochenendarbeit und der Abschaffung von Feiertagen im Interesse des Wirtschaftswachstums können wir spielend 24 Stunden am Tag »rödeln«, ohne dass uns jemand von außen eine Grenze setzt. So beginnen wir als Mann und Frau immer öfter und länger nebeneinander her zu laufen, den Blick auf die nächste Pflicht und das nächste Ziel gerichtet, und immer seltener kommt es vor, dass wir uns gegenüberstehen und in die Augen schauen. Damit es diese Möglichkeit wieder gibt, müssen wir selber Räume dafür schaffen, Räume der Intimität.

Solche Räume eröffnen sich nicht von selber. In der Phase der Verliebtheit war das anders: Da mussten wir bewusst dafür sorgen, unsere Pflichten nicht zu vernachlässigen. Weil eben die Gefühle so stark waren, dass sie uns »zwangen«, Räume für Intimität zu finden. Das Drängen der Verliebtheitsgefühle machte uns höchst einfallsreich, Zeit herauszuschlagen, die wir mit dem anderen verbringen konnten. Damit auf die weitere Dauer einer Beziehung zu rechnen, ist aber unrealistisch. Auch wenn wir in tiefer Zuneigung miteinander verbunden sind, drängt sich dieses Gefühl gegenüber allem, was wir sonst noch zu erledigen haben, nicht mehr in dieser Dringlichkeit auf. Wir müssen es pflegen und gut dafür sorgen. Zum Beispiel dadurch, dass wir Räume und Zeiten dafür in unseren Tages- und Wochenablauf ausdrücklich und verbindlich einplanen.

Es beginnt damit, dass man zu Wochen- oder Monatsbeginn Zeiten festlegt, in denen man – mit dem Terminkalender in der Hand – diese Planung vornimmt.

Einwände

Was hier vorgeschlagen wird, klingt allzu sehr nach Strategie und Planung. Wenn jetzt auch sogar die Sexualität noch geplant werden soll, wo bleibt da überhaupt noch ein wenig Spontaneität im Leben?

Ich habe überhaupt nichts gegen Spontaneität in der Beziehung. Auch in der Sexualität sollen sich Paare, wann und wie immer sie das wollen, ihrer spontanen Lust überlassen. Die Erfahrung zeigt allerdings: Wenn sie sich allein auf die Spontaneität verlassen, findet in dieser Hinsicht bald gar nichts mehr statt. Denn was sie dann spontan machen, ist meist arbeiten, Pflichten erfüllen, Kinder versorgen und dergleichen mehr. Sich bewusst Räume für Intimität und Sexualität zu schaffen, das soll nicht Spontaneität verhindern, es soll eine Gegenstrategie gegen den alles verschlingenden Alltag sein.

Aus der Verhaltensbiologie wissen wir, dass sexuelle Lust »das Fremde« braucht. Familiäre Nähe bringt Vertrautheit, aber die Lust wird durch sie blockiert (Bischof 1991). Muss es also in einer länger dauernden vertrauten Beziehung nicht mit Notwendigkeit zum Verlust der sexuellen Lust kommen?

Mit einem Menschen mehr und mehr vertraut zu werden, heißt zugleich, ihn immer tiefer in seiner Individualität und besonderen Eigenart zu erfassen. Damit beginnt aber eine »never ending story«. Das ist der wesentliche Unterschied zu einem Tier, das man nach einiger Zeit »durch und durch« kennt, weil sein Verhalten viel stärker als das eines Menschen nach genetischen Programmen abläuft. Wenn wir uns dagegen auf einen Menschen einlassen, erschließen sich uns immer wieder neue Seiten an ihm, oder wir sehen Altes und Vertrautes in einem neuen Licht, weil wir tiefere Zusammenhänge zu verstehen beginnen. Beim Menschen schließen sich »Vertraut-Werden« und »Immer-wieder-Neues-Entdecken« nicht aus, jedenfalls dann nicht, wenn dieser Mensch um einen eigenen Individuationsprozess bemüht bleibt. Wenn wir meinen, den anderen »durch und durch zu kennen«, dann sind wir wahrscheinlich nicht sehr tief in seine Welt eingedrungen. Diese oberflächliche Vertrautheit kann freilich sehr wohl zu sexueller Lustlosigkeit beitragen, weil es sich dabei um jene »Möbelstück-Vertrautheit« handelt, die echtes Interesse am anderen erstickt. Wenn wir uns aber entschließen, uns tatsächlich auf den weiten Weg zum Anderen zu machen, bleibt genügend »Fremdes« an ihm, um unsere Lust auf ihn immer wieder wachzurufen.

Intimität verlangt doch Offenheit voreinander. Darf ich dann keine Geheimnisse mehr vor dem Partner/der Partnerin haben? Aber kann das dann nicht auch sehr destruktiv werden in einer Beziehung – wenn der andere »alles« von mir weiß?

Keine Angst, der andere wird nie alles von mir wissen! Weiß ich denn »alles« von mir selber? Wenn ich in meiner Lebensführung nicht erstarre, bleibe ich immer auch auf einer Entdeckungsreise zu mir selbst, in einem ständig nach vorne offenen Prozess. Ich kann dem anderen gar nicht »alles« von mir mitteilen, und ich werde nie »alles« vom anderen wissen. Aber es gibt einer Beziehung eine ganz besondere Note, wenn wir vieles voneinander wissen und kennen, was nur wir wissen und kennen – und niemand anderer. Das verbindet auf eine besondere Weise, und darum ist auch sexuelle Ausschließlichkeit zwischen den Partnern von so großer Bedeutung: Da ist ein Bereich, den nur wir miteinander teilen!

Außerdem haben wir ein sicheres Gespür dafür, was der andere von uns erfahren und kennen sollte, damit es nicht zwischen uns steht, sondern uns tiefer verbindet, und was wir doch auch besser für uns behalten sollen, jedenfalls vorübergehend oder aber auch für immer, um den anderen nicht unnötig zu ängstigen, zu sehr zu irritieren oder vor den Kopf zu stoßen. Der eine wird beispielsweise von einem anstehenden Gespräch, in dem sich viel für ihn zum Positiven oder Negativen entscheiden wird, seinem Partner nichts erzählen, bis es stattgefunden hat, weil er ihn vorab nicht unnötig ängstigen will, der andere wird gerade darüber mit seinem Partner sprechen, weil es dem Paar wichtig ist, auch in der Unsicherheit Bangen und Hoffen zu teilen. Wo hier die Grenze ist zwischen Offenheit, die Intimität zerstört, und Offenheit, die nötig ist für Intimität, das lässt sich nur im Einzelfall erspüren und entscheiden.

Auch wenn man sexuelle Lebendigkeit durch alles, was oben gesagt wurde, fördern kann, ist es doch eine Tatsache, dass sie sich in vielen Langzeitbeziehungen verabschiedet. Tatsache ist auch, wenn einer von beiden oder beide dann Abwechslung suchen und fremdgehen, ist plötzlich die Leidenschaft wieder da wie am ersten Tag. Warum soll man sich dann in der Dauerbeziehung dermaßen abquälen? Viele vereinbaren dann zum Beispiel sexuelle Freizügigkeit, gestehen sich – in bestimmten Grenzen – sexuelle Abenteuer zu, gehen in Swingerclubs usw. Wenn das auf gegenseitiger Vereinbarung beruht, gibt es keine Geheimniskrämerei, keine Lügen, keine Benachteiligung … Warum soll das nicht gehen, warum sollte das nicht sogar zuträglich sein?

Die Antwort, die ich darauf gebe, beruht auf den Erfahrungen mit Paaren, die einen solchen Weg gegangen sind. Ihre Zahl ist daher sicher nicht repräsentativ, und es mag sein, dass es anderen Paaren ganz anders ergeht. Mit dieser Einschränkung zwei Anmerkungen dazu:

Erstens ist zu überprüfen, ob solche Vereinbarungen wirklich auf Gegenseitigkeit beruhen. Oft drängt einer, meist der Mann, dazu, und der andere, meist die Frau, gibt nach, um nicht heimliches Fremdgehen seinerseits zu riskieren. Wenn sie es aber nur »seinetwegen« tut, ist dies eine Art Selbst-Vergewaltigung, die sich auf die Beziehung destruktiv auswirken muss.

Zweitens: Vor allem der »Nachgebende«, aber manchmal auch beide, empfinden die sexuellen Ausflüge des anderen trotz Vereinbarung und Wechselseitigkeit nicht selten dennoch als tiefe Verletzung. Eine Liebe, die in eine sexuelle Begegnung gemündet ist, stiftet durch diese einen besonderen Bereich seelisch-körperlicher Intimität. Die sexuelle Begegnung auch mit anderen zuzulassen, wird darum häufig als eine schwere Verletzung dieses Raumes erlebt. Ich glaube, dass dies viele Menschen empfinden, wenn sie es auch nicht offen zugeben, und ich glaube nicht, dass es sich bei diesem Empfinden nur um Gewissensbisse aus einer rückständigen christlichen Sexualmoral handelt. Vielmehr scheint es mir gerade hier wiederum um das Bedürfnis zu gehen, in der Liebe für den anderen der/die Einzige zu sein. Gerade wir Menschen der heutigen Zeit, die so sehr darauf bestehen, dass die Partnerliebe eine personale, ganzheitliche und tiefe Beziehung stiften soll, empfinden so – trotz aller Liberalität, die wir zur Schau stellen und mit der wir uns in diesem Punkt häufig vergewaltigen, weil sie unserem wahren Empfinden widerspricht.

Hinweise

Damit das gelingt, kann es eine große Hilfe sein, kleine Alltagsrituale einzuführen. Das heißt: Man sorgt dafür, dass bestimmte Räume und Zeiten für intime Zweisamkeit nicht immer nur von neuem eigens festgelegt werden müssen. Man lässt sie sich wiederholen in einem bestimmten Rhythmus, einer gewissen Regelmäßigkeit und ähnlichen Abfolge. Am Beispiel eines befreundeten Paares: Die beiden gehen jede Woche an einem bestimmten Tag ins nahe Städtchen miteinander einkaufen. Ihr erstes Ziel dabei ist ein kleines Café, in dem sie immer dasselbe Frühstück bestellen. Wenn sie sich daran gütlich getan haben, wenden sie sich ihren Einkäufen zu. An bestimmten Tagen laden sie regelmäßig und in bestimmten Abfolgen ihre Freunde ein, mit denen sie dann bei anregenden Gesprächen den Abend verbringen. Im Sommer stehen jedes Jahr ein paar Tage Wanderurlaub in einem ausgedehnten Schweizer Berggebiet auf dem Programm. Anfang November machen sie auf einer bestimmten Nordsee-Insel immer eine Woche Urlaub inmitten der Herbststürme. Jedes Jahr begehen sie ihren Verliebungstag – also den Tag, an dem es bei den beiden »gefunkt« hat –, indem sie sich diesen Tag freihalten und etwas Besonderes unternehmen. Alle diese Gelegenheiten müssen nicht immer wieder neu geplant werden. Man weiß, wann man was unternimmt, und die angenehmen Erinnerungen an die vergangenen Erlebnisse versetzen die beiden schon in freudige Erwartung des Kommenden und sind damit eine positive Einstimmung darauf. Damit entfliehen sie immer wieder dem Alltag, schaffen immer wieder Begegnungsmöglichkeiten und verhindern die Entstehung der erwähnten Teufelskreise.

Die Kunst der Balance in der Beziehung

Die Polaritäten, die im Leben eines jeden Paares eine wichtige Rolle spielen, sind:

- Autonomie und Bindung: Die Polarität zwischen »Ich« und »Wir«
- Bestimmen und Sich-Anschließen: Die Polarität der Macht
- Geben und Nehmen: Die Polarität des affektiven Austausches

Partner erleben sich in der Regel in einer Beziehung dann zufrieden, wenn beide an jeweils beiden Polaritäten Anteil haben, oder anders ausgedrückt: wenn beide sich zwischen den beiden Polen hin und herbewegen. Problematisch wird es, wenn nur einer der beiden Pole im Leben des Paares vorkommt und die Partner sich gleichsam an einem Pol »fixieren«, zum Beispiel am Pol des »Wir«, indem sie nach dem Motto leben: »Alles gemeinsam« und »Immer miteinander«, der andere Pol aber, das »Ich«, die eigene Welt, der eigene Raum, die Individualität des Einzelnen vernachlässigt wird. Ebenso problematisch wird es – und von diesem Fall spreche ich in unserem Zusammenhang hauptsächlich –, wenn sich die Partner »polarisieren«, das heißt der eine sich ausschließlich auf dem einen, der andere auf dem anderen Pol bewegt.

Eine Balance hinsichtlich dieser Polarität würde bedeuten: Mann und Frau fühlen sich in einer festen Bindung miteinander, jeder von beiden hat aber auch seinen individuellen Freiraum. Jeder hat seine eigene Welt mit eigenen Interessen, Aktivitäten und Beziehungen, sie haben aber auch eine abwechslungsreiche, lebendige und ausgedehnte gemeinsame Welt. Jeder von beiden versteht es, für sich selber zu sorgen, jeder der beiden kümmert sich aber auch um den anderen, die Beziehung, die Kinder, um die Verwandten und die gemeinsamen Freunde.

Bestimmen und Sich-Anschließen: Eine ausgeglichene Balance innerhalb dieser Polarität bedeutet, dass Frau und Mann etwa zu gleichen Teilen in der Beziehung die Bestimmenden sind, und das geht ohne Machtkampf nur, wenn sie sich zu gleichen Teilen auch einander anschließen, das heißt vom anderen bestimmen lassen. Bestimmen, das bedeutet Initiative ergreifen, Vorschläge machen, seine Meinung klar sagen und auch vertreten, Impulse geben, manchmal auch sich kraftvoll durchsetzen. Sich anschließen, sich bestimmen lassen heißt: auf den anderen hören, ihm zustimmen, ihm folgen, auch sich ihm anpassen. Es geht also hier um eine ausgeglichene Machtverteilung zwischen Mann und Frau.

Geben und Nehmen: Die Balance hinsichtlich dieser Polarität gelingt dann, wenn jeder der beiden die Erfahrung macht: Der andere investiert etwa gleich viel in die Beziehung wie ich selber. Etwas feierlich ausgedrückt geht es um die Wechselseitigkeit der Hingabe: Ich gebe mich dir, und du gibst dich mir. In solchen Beziehungen entwickelt sich – im Gegensatz zu den erwähnten »Teufelskreisen« – ein positiv »sich selbst verstärkender« Kreislauf: Wenn ich vom anderen etwas bekomme, drängt es mich, meinerseits zu geben, und dieses Geben wiederum löst beim anderen auch wieder die Reaktion aus, geben zu wollen, und so weiter.

Einwände

Der vorgeschlagene Weg macht die Partnerliebe zu einem Geschäft. Bei einem Geschäft ist es in Ordnung, dass Leistung und Gegenleistung miteinander verrechnet werden. Aber in der Liebe? Wenn Partner immer wieder Ausgleichsforderungen stellen, machen sie dadurch die Liebe, die doch ohne Vergleichen gibt, nicht gerade kaputt? (Retzer 2002, S. 198–205)

Es geht hier um den Unterschied von Gerechtigkeit und Liebe. Wenn es in einer Beziehung zwischen zwei Menschen gerecht zugeht, heißt das noch lange nicht, dass diese beiden sich auch lieben. Das heißt, Liebe ist etwas anderes als Gerechtigkeit. In der Liebe geht es um Hingabe, in der Gerechtigkeit um Ausgleich. Allerdings: Liebe ohne Gerechtigkeit wird Missbrauch oder Überforderung. Der viel beschäftigte Manager, der sich um seine Frau überhaupt nicht mehr kümmert und erwartet, dass sie das über Jahre aus Liebe zu ihm hinnimmt und immer für ihn da ist, missbraucht sie und ihre Liebe. Natürlich können die Umstände so sein, dass er – jedenfalls zeitweise – nicht in größerem Ausmaß präsent sein kann. Es geht auch nicht um eine mathematische Verrechnung. Denn wenn die Frau merkt, dass er trotz seiner Belastung immer wieder – wenn auch kleine – Gelegenheiten nützt, sich ihr persönlich zuzuwenden und beispielsweise einen Termin, der nur seiner Eitelkeit schmeichelt, aber sonst nicht sehr wichtig ist, ihretwegen auch mal streicht, dann wird sie das als Ausgleich empfinden, auch wenn aufs Ganze gesehen ihre familiäre Last die größere bleibt.

Wenn einer in der Beziehung immer schlechter wegkommt als der andere, belastet dies die Liebe auf Dauer sehr. Die Beziehung wird ein Ausbeutungsverhältnis. Allerdings kann man dem ein Stück weit und eine Zeit lang gegensteuern, indem derjenige, der in bestimmten Dingen besser wegkommt, dem anderen immer wieder kleine Kompensationen gibt, die zeigen, dass ihm an der Herstellung eines fairen Ausgleichs liegt: »An dem einen Abend, wo du deinen Kurs hast, brauchst du keinen Babysitter bestellen. Ich bin dann verlässlich um 18.00 zu Hause und übernehme die Kinder!« Oder: »Ich muss geschäftlich nach XY. Ich lade dich ein mitzukommen. Wir hängen noch zwei Tage an und machen uns da eine schöne Zeit!« Solche kleinen Aufmerksamkeiten stellen häufig wenn auch keinen »quantitativen«, so doch einen psychologischen Ausgleich her, weil sie zeigen, dass der Partner die Situation wahrnimmt, für den anderen Einfühlung hat und in den Grenzen seiner Möglichkeiten auch etwas Konkretes in Richtung Ausgleich tut. Meine Erfahrung ist, dass zwar die strukturellen Gegebenheiten unserer Gesellschaft Ungerechtigkeiten im Geschlechterverhältnis immer wieder Vorschub leisten, dass aber die Berufung auf solche »Zwänge« oder auf die Unangemessenheit von Ausgleichsforderungen in Liebesdingen meist eine Ausrede ist: In der konkreten Situation lässt sich immer noch mehr für einen gerechten Ausgleich tun, als vorgegeben wird, und das braucht eine Liebe auch, um nicht überfordert zu werden.

Dem Ausbalancieren der dargelegten Polaritäten stehen häufig die traditionellen Rollenbilder und die gesellschaftlichen Erwartungen entgegen. Es trotzdem schaffen zu wollen, scheint nur mit großen Anstrengungen möglich zu sein. Wo bleiben da noch Freude und Genuss in der Beziehung?

Gerät uns jetzt auch noch die Liebesbeziehung zu harter Arbeit?

In diesem Einwand werden wieder einmal Liebe und Verliebtheit verwechselt. Verliebtheit überfällt uns, und in diesem Zustand fällt vieles leicht und geht selbstverständlich. Da sind wir plötzlich mutig, konsequent, grenzen uns ab, setzen uns für den anderen ein, schaffen Zeit für das Zusammensein – und erleben es gar nicht als »harte Arbeit«. Es geht wie von selber. Diese Leichtigkeit und Selbstverständlichkeit fällt in einer Dauerbeziehung allmählich weg. Es geht aber immer noch um dasselbe: dass wir der Liebesbeziehung eine ähnlich hohe Priorität einräumen. Nur kostet das jetzt Aufmerksamkeit und auch Anstrengung. Ohne das geht es nicht, weil eben – wie gesagt – Kräfte in uns und um uns dagegenstehen. Beziehungen müssen gestaltet werden, damit die Liebe lebendig bleibt, und Gestaltung ist nicht ohne Einsatz möglich. Zu meinen, das müsste alles von selber gehen, ist unrealistisch – und bürdet dem anderen Partner die ganze Last auf.

Außerdem: Das Problem der Imbalance äußert sich konkret meist nicht so umfassend, wie es die vorausgehende Darstellung vielleicht nahe legt. Meist ist die störende Unausgewogenheit lediglich innerhalb einer Polarität zu finden, und auch hier sind es ganz bestimmte Verhaltensweisen oder Unterlassungen, an denen sie greifbar werden und einen der Partner stören. Darauf gilt es dann die Aufmerksamkeit zu richten und mit Veränderungen anzusetzen.

Hinweise

Zu empfehlen ist, dass Paare von Zeit zu Zeit eine »Fairness-Bilanz« miteinander machen, vielleicht mit Hilfe der oben besprochenen drei Polaritäten, indem sie sie miteinander durchgehen: Wie steht es hier mit unserer Balance? Kommt einer von uns beiden schlechter weg, und worin kommt er schlechter weg? Haben sich Schieflagen eingeschlichen, so wie bei einer Wippe, die nicht mehr auf und ab wippt, sondern in Schräglage zum Stillstand gekommen ist? Was wäre zu tun, um die Wippe wieder in Bewegung zu bekommen und Ausgleich zu erreichen? Welche Zeitperspektiven gibt es, wann ist der andere wieder »dran«, seine Bedürfnisse erfüllt zu bekommen? Welche Kompensationsmöglichkeiten könnten gegeben werden, wenn Einseitigkeiten im Moment unvermeidlich sind? – Solche Bilanzgespräche könnten verhindern, dass die Beziehung unbemerkt so aus der Balance gerät, dass sie in Gefahr kommt. Auf der bewussten Ebene »merken« das unter Umständen beide nicht. Aber im Untergrund breitet sich bei einem von beiden eine immer umfassendere Unzufriedenheit aus, die eines Tages abrupt und zerstörerisch ins Bewusstsein dringt.

Die Kunst, miteinander gut zu kooperieren

Das Problem des einen ist auch das Problem des anderen. Wenn in einer Paarbeziehung einer ein Problem hat, ist es immer auch das Problem beider.

Da geht es um Kooperation statt Distanzierung und Konkurrenz.

Erster Schritt: Ich gehe auf den Partner, der das Problem äußert, ein, gehe gleichsam »mit ihm mit«.

Zweiter Schritt: Jeder sucht nach seinem Teil am Problem und nimmt diesen Teil zu sich.

Dritter Schritt: Wir erarbeiten gemeinsam Lösungsstrategien.

Vierter Schritt: Die Partner gehen an die Umsetzung ihres Teils der Problemlösung und evaluieren dabei immer wieder das Ergebnis.

Gemeinsame Problembewältigung verschafft gemeinsame Erfolgserlebnisse. Gemeinsame Erfolgserlebnisse wiederum stärken das Selbstbewusstsein des Paares. Sich gemeinsam stark und effektiv zu erleben, ist eine nahrhafte Quelle für die wechselseitige Liebe.

Einwände

Die vorgeschlagene Vorgehensweise bei Problemen leistet doch Über-Verantwortlichkeit und Über-Fürsorglichkeit Vorschub. Gerade wenn der Partner, der das Problem in die Beziehung gebracht hat, dazu neigt, zu wenig Verantwortung zu übernehmen, ist das eine große Gefahr. Schon viele, vor allem Frauen, haben sich auf diese Weise verausgabt und letztlich doch nichts erreicht!

Das ist richtig, und es kann in der Tat so sein, dass es manchmal nötig ist, sich vom Problem zu distanzieren und die Auseinandersetzung dem Partner damit vollständig zu überlassen. Insofern kann der Satz: »Das ist dein Problem!« auch berechtigt und ein wichtiger Schutz für den sein, der ihn sagt. Ich erinnere mich beispielsweise an ein Paar, bei dem der Mann, ein Selbstständiger, immer viel zu viele Aufträge annahm und sich damit vollständig übernahm. Seine Frau tat alles, um ihn zu entlasten. Aber je mehr sie ihm im Büro und bei der Organisation abnahm, desto mehr schleppte der Mann an Aufträgen heran. Es war kein Land mehr zu sehen. Die Frau musste sagen: Ich kann gegen deine Überlastung nichts machen. Dass du dich nicht abgrenzen kannst, ist dein Problem!

Von einem anderen Blickwinkel aus betrachtet, steht der geschilderte Fall allerdings doch nicht im Gegensatz zu dem oben Gesagten: Auch hier gibt es nämlich eine Gemeinsamkeit im Problem. Dieses besteht nämlich nicht nur darin, dass der Mann nicht Nein sagen kann, sondern auch darin, dass die Frau die Folgen davon – die Überlastung – mit ihrem Einsatz immer wieder auffängt und zu kompensieren sucht. Genau definiert müsste man sagen: »Unser Problem besteht darin, dass du ›nach außen‹ und ich ›nach innen‹ nicht Nein sagen kann. So steuern wir uns gemeinsam in eine unerträgliche Situation hinein!« Wenn jeder seinen Teil am Problem und an der Problemlösung zu sich nähme, würde sich das so darstellen: »Ich, der Mann, muss lernen, mich abzugrenzen. Ich muss öfter Nein sagen.« – »Und ich, die Frau, fange die Folgen deines Mangels an Abgrenzung nicht mehr auf. Ich lasse liegen, was zu viel ist!«

In Paarbeziehungen ist es sehr häufig so, dass es auf diese oder eine ähnliche Weise ein »Mitspielen« des Partners am Problem gibt – und zwar gerade auch durch Überengagement und Überverantwortlichkeit. Gerade dieses Verhalten kann ein Teil des Problems und des Scheiterns von Problemlösung werden. Darum kann es sehr wichtig sein, solche Zusammenhänge zu erkennen und anzuerkennen.

Muss man sich nicht manchmal heraushalten, um sich zu schützen? Die Frau, die für ihren Mann immer ein offenes Ohr hat, wird regelmäßig in seinen nicht enden wollenden Jammer über seine berufliche Misere hineingezogen, mit der sie doch gar nichts zu tun hat, sodass sie danach genauso hilflos und deprimiert ist wie er. Wenn sie sagt: Ich will mir das nicht mehr anhören!, ist das nicht viel besser, als immer mitfühlend mitzugehen?

Auch dem ist zuzustimmen. Allerdings wird in diesem Fall das ausschließlich mitfühlende Zuhören und Mitgehen der Frau selbst zu einem Teil des Problems. Dies zu beenden, ist sinnvoll und nötig. Aber dies nur zu beenden, ist lediglich eine Distanzierung, um sich selbst zu retten, aber noch kein Beitrag zu einer Problemlösung. Ein Schritt dazu könnte sein, dass sie das ineffektive Jammerverhalten des Mannes konfrontiert (»Ich bin nicht dein Überdruck-Ventil!«) und ihn auffordert, eventuell mit ihrer Unterstützung, sich auf die Suche nach effektiveren Strategien zur Problemlösung zu begeben.

Hinweise

Paare, die ihre Probleme als gemeinsame sehen, gemeinsam angehen und miteinander lösen oder auch miteinander tragen, wenn sie nicht zu lösen sind, erschließen sich gerade damit ein großes Wachstumspotenzial ihrer Liebe. Es gibt kaum etwas, das die Liebe zueinander mehr stärkt und festigt als dieser Weg (Jellouschek 2002c).

Die Kunst, Herausforderungen anzunehmen und zu bewältigen

Schon vorhersehbare Lebensübergänge, vorhersehbare kritische Lebensereignisse können die Beteiligten in ganz erhebliche Krisen stürzen und eine Paarbeziehung ganz schön durcheinander bringen. Anders ist es bei einer anderen Art von Krisen: bei solchen, die nicht durch vorhersehbare kritische Lebensereignisse ausgelöst werden, sondern mit unvorhersehbaren einhergehen: mit Krankheit, Kinderproblemen, einer Außenbeziehung, einem Umzug, der überraschend nötig wird, einem neuen Chef, der so ganz anders ist als der alte … Solche Krisen werden nicht erwartet. Sie treffen das Paar unter Umständen wie der Blitz aus heiterem Himmel. Man hat sich nicht auf sie eingestellt, man hat im Vorhinein nicht überlegt, wie man sich verhalten wird, man hat keine Strategien zu ihrer Bewältigung. Solche Lebenskrisen werden leicht auch zu schweren Beziehungskrisen.

Man kann diese unvorhergesehenen kritischen Lebensereignisse ähnlich sehen wie die vorhersehbaren: als Anstoß zur Weiterentwicklung, als Anlass zum Aufbruch aus einer drohenden Erstarrung.

Man kann die Frage stellen: »Zu welcher Entwicklung fordert uns diese Krise heraus? Zu welcher Entwicklung, die wir vielleicht bis jetzt vermieden haben?« Oder anders ausgedrückt: »Was ist die Botschaft dieser Krise an uns, an dich, an mich?« Auch in schweren Belastungen und Bedrohungen kann zusätzliche Lebensqualität gewonnen werden, wenn wir uns der Herausforderung stellen. Im gemeinsamen Umgehen mit der Krise in diesem Sinn vertieft sich die Partnerliebe, weil uns das Dunkel des Tales, das wir gemeinsam durchschritten haben, das Licht nachher umso heller erleben lässt.

Einwände

Ist es nicht zynisch, einem Paar, das gerade mitten in der Krise steckt, das unter der schweren Erkrankung eines Partners leidet, dem eines der Kinder große Sorgen bereitet, das von einer Außenbeziehung durcheinander geschüttelt wird oder dem der soziale Abstieg droht und dergleichen, dem weismachen zu wollen, dass darin eine »Entwicklungschance« liegt?

Es ist zynisch, wenn ich das ohne Einfühlung mache. Zur Einfühlung gehört, dass ich – zum Beispiel als Berater oder Freund, der damit zu tun bekommt – zunächst mit den Gefühlen mitschwinge, die diese Krise bei den Partnern auslöst. Das beginnt damit, dass ich mir ausführlich erzählen lasse, worum es geht, und die Krisenhaftigkeit der Situation in aller Tiefe auslote. Weiter gehört dazu, dass ich die Gefühle, die die Krise bei den Betroffenen hervorruft, annehme, ihnen den Raum biete, in dem sie ausreichend ausgedrückt werden können. Immer steht in solchen Krisen auch ein Abschied von etwas an, das war und nie mehr sein wird. Auch der Schmerz darüber gehört ausgedrückt und akzeptiert. Wenn ich als Berater oder Freund so damit umgehe, dann ist es nicht zynisch, sondern kann eine entscheidende Hilfe sein, dem Paar zu helfen, den Blick dann auch nach vorne zu richten, auf die Möglichkeiten, die sich jetzt – gerade durch die Krise – eröffnen.

Woher kann ich aber denn so sicher sagen, dass es solche Möglichkeiten gibt? Ist wirklich jede Krise eine Chance?

Keine Krise »ist« eine Chance. Es ist vielmehr so, dass ich damit unterschiedlich umgehen kann. Ich kann mich der Krise unterwerfen, oder ich kann sie als mögliche Chance begreifen. Was »stimmt«, sagt mir die Krise »als solche« nicht. Was sie für mich ist, das mache ich aus ihr. Es ist eine Sache meiner Kreativität, meines »Möglichkeits-Sinns«, ihr diese Bedeutung abzugewinnen. Es gehört entscheidend zum Repertoire der Lebensbewältigung von Paaren, nicht nur einen nüchternen »Wirklichkeits-Sinn«, sondern auch diesen »Möglichkeits-Sinn« zu entwickeln. Damit schafft das Paar für sein Leben und Zusammenleben eine grundlegend positive Perspektive und hoffnungsfrohe Grundstimmung.

Hinweise

Gerade bei den unvorhersehbaren kritischen Lebensereignissen gibt es Fragen, die in eine falsche Richtung führen – Fragen wie »Was ist die Ursache dieser Krise?«, und vor allem »Wer ist Schuld daran?«, »Warum hast du mir das angetan?«, und »Warum muss es gerade mich/uns treffen?«. Die entscheidende konstruktive Frage angesichts solcher Krisenereignisse lautet: »Wozu fordert uns diese Krise heraus – zu welchem Schritt, zu welcher Entscheidung, zu welcher Entwicklung?«

Wenn man mit solchen Fragen an Lebenskrisen herangeht, hat man zuvor eine Grundannahme getroffen, nämlich die Grundannahme, dass es das Leben – auch in seinen Schicksalsschlägen – gut mit mir meint. Man geht von der Annahme aus, dass in der Krise sich nicht etwa der Neid der Götter zeigt, auch nicht ein strafender Gott oder die Willkür eines blinden Schicksals, sondern dass mir auch darin letztlich Wohl-Wollen begegnet. Das ist eine Grundannahme, von der auch Christentum und Buddhismus ausgehen: Für das Christentum steht der »gekreuzigte Auferstandene« im Zentrum, im Buddhismus wird der Endzustand der Erleuchtung erreicht, wenn alle »Ichhaftigkeit«, alles »Anhaften« losgelassen ist. Das heißt: Für beide wird in der tiefsten Krise des Lebens die eigentliche Vollgestalt des Lebens erreicht. Darum kann auch eine in diesem Sinn religiöse Lebenseinstellung eine große Unterstützung für eine positive Krisenbewältigung sein.

III Wie Paare sich im Märchen verlieren und wieder finden

Die Liebe hat Frauen und Männer angezogen, bezaubert, verbunden, wieder entzweit oder wieder zusammengeführt – lange bevor es eine psychologische Wissenschaft, eine Eheberatung oder eine Psychotherapie gab. Darum kann man aus den alten Geschichten unserer Überlieferung eine Menge über die Liebe lernen, und ich bin immer wieder fasziniert davon, in welcher Prägnanz sich hier jene Grundmuster widerspiegeln, auf die sich auch heute Partner immer wieder einspielen, wenn sie es unternehmen, ihren Lebensweg gemeinsam weiterzugehen. Dabei schwingen in den Bildern und Symbolen der alten Erzählungen Dimensionen mit, die wissenschaftliche Abhandlungen oder moderne praktische Ratgeber nicht einzufangen vermögen. Deshalb kehre ich immer wieder zu ihnen zurück und fühle mich herausgefordert, ihnen ihr Wissen über das Geheimnis der Liebe zwischen Frau und Mann zu entlocken.

Hänsel und Gretel
Wie Paare sich miteinander von einer schlimmen Vergangenheit befreien können

Worum es in diesem Kapitel geht

Von Zeit zu Zeit bin in meiner Arbeit als Paartherapeut Paaren begegnet, die sich in meiner Erinnerung als Hänsel-und-Gretel-Paare festgesetzt haben. Diese Paare sind oft noch sehr jung oder wirken jedenfalls jünger, als sie sind. Sie kommen mir vor wie zwei Kinder, die sich unter schwierigen Umständen zusammengetan haben und von zu Hause weggelaufen sind. Nun irren sie, einander an den Händen haltend, durch den dunklen Wald dieser Welt und verirren sich dabei immer heilloser. Ich habe über diese »Hänsel und Gretel-Diagnose« zunächst nicht weiter nachgedacht, aber eines Tages interessierte es mich doch, ob mir das Märchen weiteren Aufschluss über solche Paare geben könnte. Ich hatte es nur noch sehr vage im Gedächtnis und habe es darum bei den Brüdern Grimm noch einmal nachgelesen. Und siehe da – wenn ich dieses typische Kindermärchen als Beziehungsmärchen lese, zeigt es mir tatsächlich viele interessante und erhellende Aspekte zum Verständnis solcher Paarbeziehungen. Da ich beim Schauen durch meine »Paar-Brille« so viele interessante Dinge entdeckt habe, möchte ich meine Leser und Leserinnen gerne daran teilhaben lassen.

Nacherzählung von »Hänsel und Gretel«

Vor einem großen Walde wohnte ein armer Holzhacker mit seiner Frau und seinen zwei Kindern. Als eine große Teuerung ins Land kam und nichts mehr zu essen da war, drängte die Frau ihren Mann, die Kinder im Wald auszusetzen. Schweren Herzens gab der Mann schließlich nach. Die Kinder hatten das Gespräch mit angehört. Gretel weinte vor Angst, aber Hänsel dachte sich eine List aus: Noch in der Nacht sammelte er in seinen Taschen weiße Kieselsteine und als die Alten sie am nächsten Morgen in den Wald führten, ließ er Stein um Stein fallen, während Gretel die zwei Brotstücke trug, die die Stiefmutter ihnen mitgegeben hatte. Stiefmutter und Vater warteten, bis Hänsel und Gretel im tiefen Wald am Feuer eingeschlafen waren, und gingen, die Kinder zurücklassend, nach Hause. In der Nacht wachten Hänsel und Gretel auf und da die Kieselsteine hell im Mondschein schimmerten, fanden sie leicht den Weg zurück. Bald darauf, als die Not wieder groß war, sollten die Kinder wieder ausgesetzt werden und hörten es. Diesmal war aber die Tür verschlossen, sodass Hänsel keine Steine sammeln konnte. Er streute stattdessen Brotkrumen hinter sich, doch die Vögel fraßen sie, und die Kinder fanden in der Nacht nicht mehr heim. Sie liefen immer tiefer in den Wald hinein und fanden nur wilde Beeren, um ihren Hunger zu stillen. Am dritten Morgen standen sie mitten im Wald plötzlich vor einem Häuschen, das aus Brot gebaut und mit Kuchen gedeckt war. Die Fenster waren von hellem Zucker. Die halb verhungerten Kinder kosteten erst zögernd, begannen dann aber bald genussvoll davon zu essen. Eine steinalte Frau, die herausgeschlichen kam, erschreckte die beiden zuerst, aber als sie ihnen Milch und Pfannkuchen mit Zucker, Äpfeln und Nüssen reichte, fassten sie Vertrauen und schliefen in frisch bezogenen Betten erleichtert ein. Am nächsten Tag stellte sich jedoch heraus, dass die Alte in Wirklichkeit eine Hexe war. Hänsel hatte sie in der Nacht in einen Käfig gesperrt, um ihn zu mästen, und Gretel musste bei karger Kost hart arbeiten. Jeden Morgen wollte die Hexe, die enorm kurzsichtig war, Hänsels Finger fühlen, ob er schon dick genug sei. Wieder half ihm eine List, er streckte ihr ein Knöchlein hinaus. Nach vier Wochen wurde es der Hexe zu bunt, und sie beschloss, den Hänsel – in welchem Zustand auch immer – zu fressen. Gretel musste den Ofen anfeuern und sollte dann hineinkriechen, um zu kontrollieren, ob er schon heiß genug war. Gretel ahnte, dass es die Hexe auch auf ihr Leben abgesehen hatte, und brachte die Alte dazu, selbst hineinzukriechen. »Da gab ihr Gretel einen Stoß, dass sie weit hineinfuhr, machte die eiserne Tür zu und schob den Riegel vor.« Die Hexe heulte jämmerlich und verbrannte. Sofort befreite Gretel ihren Bruder. Glücklich fielen sich die Geschwister um den Hals, fanden im Haus viel Gold, Perlen und Edelsteine und machten sich dann reich beladen auf den Heimweg. Dieser führte sie zu einem großen Wasser ohne Steg und Brücke. Gretel bat eine weiße Ente, sie hinüberzubringen. Die Ente tat ihnen den Gefallen. Hänsel hätte am liebsten gehabt, dass sie sich zu zweit auf die Ente setzten, doch Gretel mochte das Tier nicht zu sehr belasten und schickte Hänsel allein voraus. Als sie beide glücklich drüben waren, dauerte es nicht mehr lange, und sie erreichten des Vaters Haus. Er war überglücklich, seine Kinder wieder zu haben. Die Stiefmutter war inzwischen gestorben. »Da hatten alle Sorgen ein Ende, und sie lebten in lauter Freude zusammen.«

Wie lässt sich bei den Hänsel-und-Gretel-Paaren die Krise verstehen, in der sie stecken, und wie sind sie da hineingeraten? Und zweitens: Was sind hilfreiche Strategien und Verhaltensweisen, um diese Krise zu bewältigen? Es fällt ja auf, dass Hänsel und Gretel der Wirklichkeit sehr klar und realistisch ins Auge sehen und mit ihrer Krise sehr initiativ und kreativ umgehen, etwas, das bei den entsprechenden Paaren oft ganz anders ist und was sie von ihren märchenhaften Urbildern lernen könnten. Ich will die Antwort, die mir das Märchen auf die beiden Fragen zu geben scheint, in drei Schritten entfalten.

Die Familien-Situation

Hänsel-und-Gretel-Paare haben sich oft deshalb schon in jungen, manchmal sehr jungen Jahren zusammengetan, weil sie es zu Hause in ihren Herkunftsfamilien nicht mehr ausgehalten haben. Das Märchen schildert die Familie in einer akuten Notsituation: Es ist zu wenig Nahrung da. Wir können in dieser äußeren Notsituation die innere Not symbolisiert sehen, in der sich die Familien von Hänsel-und-Gretel-Paaren oft befinden. Das würde bedeuten: Hier herrscht Mangel an seelischer und emotionaler Nahrung. Die Kinder haben in dieser Familie deshalb keinen sicheren Platz. Die

Eltern sind bereit, sie zu opfern, um selber zu überleben. Das ist in der Krassheit der Märchendarstellung auf die Realität der meisten Hänsel-und-Gretel-Paare nicht direkt übertragbar.

Aber täuschen wir uns nicht: Seelisch gesehen und was die Beziehungsqualität zwischen Eltern und Kindern angeht, ereignete und ereignet es sich häufiger, als wir es für möglich halten. So grausam es klingt, aber es passierte und passiert immer wieder, dass Eltern auf diese Weise ihre Kinder seelisch aussetzen, wie es von Hänsel und Gretel auch drastisch-äußerlich dargestellt wird.

Hänsel-und-Gretel-Paare kommen meist aus Familien, in denen es seelisch nicht auszuhalten war, weil die Eltern so mit ihren eigenen Problemen beschäftigt waren. Darum passiert es häufig, dass sie zu früh von zu Hause weggehen, nämlich bevor sie sich schon wirklich innerlich abgelöst haben: weil sie sich ausgestoßen fühlen, weil ihnen seelisch die Nahrung fehlt. So sind sie – auch wenn sie in der Realität natürlich aus verschiedenen Familien kommen – gleichsam Geschwister in dem, was jeder zu Hause erlebt hat. Das verbindet die beiden tief miteinander, und darum ist es am Anfang meist auch eine sehr große und rührend innige Liebe, die sie miteinander erleben. Das gemeinsame Bündnis gibt ihnen die Hoffnung, jetzt zu finden, was sie zu Hause so bitter vermisst haben. Dieser Zusammenhang ist ihnen freilich meist nicht bewusst, sie erleben einfach etwas so Schönes miteinander, das sie bis jetzt noch nie erlebt haben, und darum meinen sie selig, die große Liebe gefunden zu haben, und tun sich für ihr weiteres Leben zusammen.

Die Krise

Im Märchen bewährt sich dieses Bündnis zunächst sehr. Die erste Attacke überstehen Hänsel und Gretel bravourös, weil sie zusammenhalten, weil sie sich nicht als passive Opfer verhalten, sondern mit Schlauheit und Kreativität ihrem Schicksal begegnen. Dadurch, dass Hänsel Kieselsteine sammelt und sie als Markierung auf dem Weg ausstreut, während Gretel ihm kooperativ assistiert, finden sie wieder zurück. Das heißt aber freilich auch: Beide landen dadurch wieder zu Hause. Bedeutet das: Sie widerstehen zwar, aber sie bleiben dabei trotzdem noch in der Kindposition? Bedeutet das: Die Eltern bleiben die Mächtigen, denen sie sich nach wie vor ausgeliefert fühlen? Auf die Realität übertragen, könnte es sich um einen Ablöseversuch handeln, der noch nicht wirklich gelingt. Das ist bei Hänsel-und-Gretel-Paaren nicht selten so: Sie halten zwar zusammen, inszenieren zum Beispiel einen Riesen-Krach mit den Eltern oder Schwiegereltern, aber man spürt deutlich: Das bringt es noch nicht. Sie bleiben gebunden, sozusagen negativ gebunden im »Gegen«, sie unterstützen zwar einander und wehren sich miteinander, aber bleiben im gemeinsamen »Gegen« eben doch noch kindlich auf die Eltern fixiert. Diese Auseinandersetzung, so erfolgreich sie äußerlich zu verlaufen scheint, bringt also noch keine Lösung. Ein untrügliches Zeichen, dass die Lösung noch nicht erreicht ist, besteht darin, dass sich das Ganze wiederholt. Hänsel und Gretel müssen zuerst in ihre eigene große Krise kommen, damit die Entwicklung für sie konstruktiv weitergehen kann.

Diese eigentliche Krise ereignet sich beim zweiten Mal. Irgendetwas passiert, dass es kein Zurück mehr gibt. Im Märchen hat die Stiefmutter die Tür zugesperrt, sodass Hänsel nicht mehr an die rettenden Kiesel kommt. Die Tür zu den rettenden Tricks ist zu, die Brotkrumen, die sie an ihrer Stelle verwenden, werden von Vögeln aufgepickt, sodass sie nicht mehr zurückfinden. Nun landen Hänsel und Gretel nicht mehr zu Hause, sie müssen allein in den Wald hinaus. Aber das allein bringt auch noch nicht die Lösung. Zunächst wird es nun erst recht kritisch. Die beiden verlaufen sich und fühlen sich vollends wie verlorene Kinder, die nicht mehr aus noch ein wissen. Genauso geht es Hänsel-und-Gretel-Paaren: Irgendwann ist die Opposition gegen Eltern und Schwiegereltern erschöpft, die Eltern sind vielleicht weit weg, oder sie sind alt und sanft geworden, oder sie sind gar schon gestorben. Hänsel und Gretel sind jetzt allein auf der Welt und darauf angewiesen, miteinander und ohne Dritte, auf die sie etwas abschieben könnten, klarzukommen. Und da verirren sie sich hoffnungslos im Wald.

Den Wald können wir als ein Symbol für das Unbewusste sehen, das Unbewusste ihrer eigenen Seelen, mit dem sie es nun zu tun bekommen. Das Unbewusste ist jener Bereich unserer Seele, der unter unserem Tagesbewusstsein im Dunkeln liegt, es ist der Bereich unserer seelischen Kräfte, die wir noch nicht oder nicht mehr kennen, und es ist der Bereich, in dem frühere Erlebnisse und Erfahrungen aufbewahrt sind, auch die »unerledigten Angelegenheiten«, die wir verdrängt haben, weil wir sie nicht anders bewältigen konnten. Dieser Wald des Unbewussten gehört zu unserer Person. Wir müssen in sein Dunkel eintauchen, damit wir zu unserer eigenen Identität finden. Im Wald finden wir also einerseits wie Hänsel und Gretel in den Beeren Nahrung zur eigenen Selbstwerdung, und im Wald begegnen uns andererseits die wilden Tiere und die Hexe, das Bedrohliche also, mit dem wir uns ebenfalls auseinander setzen müssen, um wir selber zu werden. Im Märchen stellt es sich dar als Knusperhäuschen, in dem eine Hexe wohnt. Doch das Knusperhäuschen ist zunächst ja gar nicht bedrohlich. Es ist ein richtiges kleines Schlaraffenland. Man kann die Fensterscheiben wie Zuckerguss schlecken und die Dachziegel wie Lebkuchen verspeisen. Und die Hexe passt zunächst zu diesem Bild, denn sie ist freundlich und fürsorglich, sie trägt gutes Essen auf, Milch und Pfannkuchen mit Zucker, Äpfeln und Nüssen, und sie lässt sie in kuscheligen frisch bezogenen Betten schlafen. Hänsel und Gretel scheinen ins Paradies, in den Himmel, zur guten Mutter schlechthin geraten zu sein. Freilich ist das, wie wir wissen, eine Falle, die sehr bald zuschnappt. Könnte das – psychologisch gedeutet – heißen: Nun, da die erste Verliebtheit vorüber ist, die äußeren Kämpfe mit den Eltern und Schwiegereltern ausgefochten sind, da sie vielleicht ihr Häuschen oder die eigene Wohnung bezogen haben, jetzt holt sie die unbewältigte Vergangenheit ihrer Kindheit ein und schlägt sie in ihren Bann? Und zwar typischerweise in einer ganz bestimmten Form: nämlich als Hoffnung und Erwartung, dass die Versorgungsansprüche, die in der Kindheit von den Eltern nicht erfüllt wurden, jetzt in der Paarbeziehung durch den Partner erfüllt werden? Der Partner, die Partnerin als reichlich spendende paradiesische Liebesquelle, die alles bisher Vermisste ersetzt? Mit dieser Hoffnung und Erwartung aneinander aber geraten beide, Hänsel und Gretel, in den Bann der bösen Hexe, oder mit C. G. Jung ausgedrückt: Der unbewältigte negative Mutterkomplex taucht auf und beginnt ihr Leben und ihr Zusammenleben zu dominieren.

In der Gestalt der Hexe taucht das unbewältigte Drama ihrer Herkunftsgeschichte, die unbewältigte Beziehungsgeschichte mit ihren Eltern wieder auf und kommt zur Wirkung.

Denn mit Milch, Pfannkuchen und den weichen Betten ist es bald vorbei. Die Ideal-Erwartungen erfüllen sich nicht, die Wünsche und Sehnsüchte nach dem Beziehungs-Schlaraffenland werden enttäuscht. Das Bild kippt: Aus dem Knusperhäuschen wird ein Gefängnis und aus der liebevoll fürsorglichen Alten wird eine dominierende, gierige, hässliche und ausbeuterische Hexe. Hänsel wird in den Käfig gesperrt und sieht seiner Schlachtung entgegen, und Gretel muss schuften und arbeiten, ohne das Nötigste fürs Überleben zu bekommen.

Im Märchen ist es für beide klar: Es ist die Hexe, die uns das eingebrockt hat. Im wirklichen Leben bleibt die Hexe, die zwischen den beiden steht, meist unsichtbar. Das heißt, beide fangen an, sich selbst das Leben gegenseitig schwer zu machen und sich für ihre enttäuschten Hoffnungen die Schuld zu geben. Der Hänsel im realen Leben erlebt seine Ehe mehr und mehr als ein Gefängnis, in das er geraten ist. Seine Gretel kann ihm nicht die Wünsche erfüllen, die er zu Recht an seine Eltern hatte und jetzt auf sie zu richten beginnt. Darum erlebt er seine Gretel mehr und mehr wie im Märchen, in dem sie schuften muss, »im Dienst der Hexe«. Sie beginnt in seinen Augen immer mehr der Hexe zu gleichen, die zwar äußerlich eine Menge für ihn getan hat, aber eben nicht zu seinem Besten, sondern im eigenen Interesse, um ihn sozusagen selber zu verspeisen, das heißt ihre eigene Bedürftigkeit durch ihn zu nähren.

Die Gretel im realen Leben wiederum erlebt diese seine Ansprüchlichkeit und plagt sich ihrerseits vielleicht für ihn ab, erlebt aber, dass er – gleichsam wie hinter Gitterstäben – immer weniger für sie erreichbar wird. Sie spürt, dass sie ihm nicht gerecht wird, sie spürt, dass sie überfordert ist, ihn aus seinem Gefängnis herauszuholen. Ja, sie macht die Erfahrung, die bei vielen jungen Frauen das Selbstwertgefühl untergräbt: dass sie nämlich bei allem Bemühen mit ihrem Verhalten offensichtlich zum Wachsen seines Unglücks sogar noch beiträgt. Aber sie weiß keinen Ausweg und wird schließlich selbst immer unzufriedener und aggressiver und verwandelt sich so sehenden Auges mit einer gewissen Unausweichlichkeit tatsächlich immer mehr in die Hexe, die ihr ihr Mann zum Vorwurf macht: Sie wird ihrerseits bitter, böse und enttäuscht. So geht das Märchen im realen Leben meist weiter, was dann darauf hinausläuft, dass sich Hänsel-und-Gretel-Paare jahrelang mit ihrer Beziehung quälen, enttäuscht und wütend sind, aber doch nicht voneinander lassen können, weil sie andererseits spüren, dass sie sich irgendwo doch tief verstehen und brauchen und sich wie Geschwister eigentlich sehr nahe sind. Aber diese Nähe kommt immer weniger zum Tragen und gibt neuer Enttäuschung und neuer Wut nur weitere Nahrung.

Solche Paare nenne ich »Hänsel-und-Gretel-Paare«: Sie haben sich aus der beglückenden Erfahrung ihrer Liebe heraus von dieser Liebe die Befreiung aus einem belastenden Elternhaus erhofft. Ihre Liebe ist zunächst deshalb so beglückend, weil sie aus einer ähnlichen Erfahrung heraus mit dem andern eine Vertrautheit erleben, als ob sie Geschwister wären. Es ist, wie wenn sie sich schon unendlich lange kennen würden. So tun sie sich, oft schon in sehr jungen Jahren, als Paar zusammen. Damit aber werden sie gleichsam zu früh erwachsen, sie überspringen die eigene Adoleszenz- und Ablösungsphase. Das heißt, sie bleiben ganz gegen ihr bewusstes Wollen innerlich an ihre Eltern gebunden. Denn nicht, wenn man zu viel, sondern wenn man wenig oder gar keine Liebe und echte Fürsorge von den Eltern erfahren hat, wird die Ablösung zum Problem. Unerfüllte Wünsche und Sehnsüchte binden viel mehr aneinander als alles andere, weil man dann innerlich immer noch die Hände nach dem, der sie erfüllen könnte, ausstreckt. Das bleibt zunächst im Verborgenen. Im Schwung der ersten Liebe zum Partner und im Bündnis gegen den gemeinsamen Feind, die Eltern, meistert man die ersten Schwierigkeiten wie Hänsel und Gretel mit Bravour. Wenn beide dann aber eine eigene Existenz gegründet haben, wenn die Belastungen durch Beruf und finanzielle Sorgen auftauchen, vor allem, wenn sie durch eigene Kinder selber in die Elternrolle einrücken, dann wird die Unabgelöstheit von den eigenen Eltern deutlich. Wie im Wald verirrte Kinder fühlen die beiden sich dann: verlassen, überfordert, verwirrt. Ohne es zu merken, richten sie ihre unerfüllten Wünsche nach dem Schlaraffen-Knusperhäuschen, nach großzügiger elterlicher Liebe und Versorgung aneinander und überfordern sich damit heillos. Beide wünschen sich, vom anderen bemuttert und bevatert zu werden, und beide sind enttäuscht voneinander, weil sie es nicht schaffen. Diese Enttäuschung ist dann oft genauso groß, wie am Anfang die Hoffnung war. So werden sie immer böser aufeinander und geraten nur immer tiefer in den Wald und in die Fänge der bösen Hexe, ausgeliefert dem unbewussten Zusammenspiel ihrer frühen Beziehungserfahrungen, obwohl es doch ursprünglich ihre Hoffnung war, sich miteinander gerade daraus zu befreien.

Die Lösung

Im Märchen verläuft es allerdings anders. Im Märchen geht es – wie könnte es anders sein – gut aus. Aber im Unterschied zu vielen anderen Märchen ist es nicht eine Wendung zum Guten durch wunderhafte und magische Kräfte. Hänsel und Gretel befreien sich aus eigener Kraft. Vielleicht gerade aus diesem Grund kann das Märchen auch in diesem Teil, wo die Wendung zum Positiven erfolgt, ganz konkret hilfreich sein. Wie geht es also im Märchen zu, dass Hänsel und Gretel sich nicht in den beschriebenen Teufelskreis verwickeln, sondern aus der Krise gestärkt und gereift hervorgehen und dass sie die Krise nicht endgültig entzweit, sondern neu und tiefer zusammenführt?

Das Erste ist: Hänsel und Gretel erscheinen im Märchen von Anfang an übermächtig bedroht von den Eltern, von den wilden Tieren im Wald, von der bösartigen Hexe. Dennoch erleben und verhalten sie sich, obwohl sie allen Grund dazu hätten, in keiner Phase als bloße Opfer. Hänsel-und-Gretel-Paare neigen meiner Erfahrung nach dazu, sich als Opfer zu definieren: als Opfer ihrer Eltern, als Opfer von Vermieter oder Arbeitgeber, als Opfer ihrer anstrengenden Kinder, und der eine erlebt sich dazu noch als Opfer des anderen. Damit aber geben sie den Anderen Macht über sich, sie lähmen ihre Kräfte und verstricken sich immer mehr ins Unglück.

Hänsel und Gretel im Märchen dagegen nehmen ihr Schicksal von Anfang bis Ende selber in die Hand und begegnen ihm mit Aktivität und Kreativität: Hänsel sammelt Kiesel, um eine Spur zu legen, beim zweiten Mal streut er Brotbröckchen, weil die Tür zu den Kieseln versperrt ist. Das bringt zwar nichts, aber er versucht es wenigstens. Beide sammeln Nahrung im Wald und fangen, sobald das Knusperhäuschen auftaucht, sofort miteinander an, dieses abzuräumen. Selbst im Käfig hat Hänsel noch einen Einfall, wie er die Hexe hinhalten kann, indem er ihr statt des Fingers das Knöchelchen hinstreckt. Und auch Gretel lässt sich eine List einfallen, bringt die Hexe dazu, selbst im Ofen nachzuschauen, und stößt sie im rechten Moment hinein. Obwohl sie schlimme Misserfolge einstecken müssen – sie finden nicht mehr zurück, sie geraten in die Fänge der Hexe, in Frondienst, Gefangenschaft und tödliche Bedrohung –, lassen sie sich nicht davon abbringen, immer wieder neue Einfälle zu produzieren und neue Initiativen zu setzen – und das lohnt sich, denn dadurch bewältigen sie schließlich doch die Krise. Die Botschaft des Märchens ist hier eindeutig: Die Bedrohung kann noch so groß, das Schicksal noch so hart sein, die eigenen Eltern mögen noch so versagt und dir ins Leben gepfuscht haben, es gibt eine Lösung, wenn du dich nicht selbst aufgibst und zum Opfer machst. Du kannst etwas tun, und es wird zum Erfolg führen, wenn du trotz Rückschlägen dranbleibst und nicht resignierst.

Zweitens fällt auf, dass Hänsel und Gretel im Märchen die Bedrohung wirklich wahrnehmen. Sie haben natürlich hier gar keine Möglichkeit, sich darüber hinwegzutäuschen oder sich etwas vorzumachen, denn die Hexe, der Käfig und das prasselnde Feuer sind harte Realität. Anders ist es oft bei den Hänsel-und-Gretel-Paaren. Sie haben die Tendenz, die wahren Ursachen ihrer Misere zu verleugnen. Sie verleugnen vor allem, dass sie ihre Eltern, auch wenn sie sich äußerlich von ihnen noch so hart abgegrenzt oder sogar mit ihnen gebrochen haben, trotz alledem auch noch in sich selber tragen, in der eigenen Seele, und dass diese »internalisierten«, nach innen genommenen Eltern nun als Hexe, als die eigentliche Bedrohung ihres Glücks, aus ihren eigenen Seelen auftauchen – ihre Gedanken, ihre Gefühle und ihr Handeln bestimmend. Insofern verleugnen Hänsel-und-Gretel-Paare sehr oft, dass die Hexe zwischen ihnen steht und ihre Beziehungsmuster bestimmt, und sie beschuldigen sich gegenseitig hexenhafter Böswilligkeit als der Ursache allen Übels. So aber wird das Problem nur verschoben und damit unlösbar.

Weiter: Weil Hänsel und Gretel im Märchen diese Bedrohung wahrnehmen und sich nicht darüber hinwegtäuschen, tun sie das gerade nicht: Sie schieben sich nicht gegenseitig die Schuld in die Schuhe. Hänsel macht nicht Gretel für seinen Käfig verantwortlich und Gretel nicht Hänsel für ihre tägliche Mühe und Plage. Beide setzen sich selber mit den wahren Ursachen ihres Kerkers und ihrer Plage auseinander: nämlich mit der Hexe. Hänsel führt sie mit seinem Knöchelchen in die Irre, und Gretel schubst sie schließlich eigenhändig in den Backofen. Jeder tut also das Seine. Jeder von beiden setzt sich, statt den anderen als Ursache seines Unglücks zu beschuldigen, sozusagen mit seiner eigenen Hexe auseinander. Das heißt, jeder von beiden kümmert sich selber um das, was er Unerledigtes aus seiner Herkunftsfamilie mitbringt, um seine unerfüllten Wünsche und Sehnsüchte, um seine Abhängigkeiten, Abneigungen und Ambivalenzen. Dadurch retten die beiden sich selber – und diese Selbstrettung ist der entscheidende Beitrag, auch die gemeinsame Misere zu überwinden.

Auf dieser Basis dann, dass jeder seine eigenen Probleme, die er aus seiner Familie mitbringt, sieht und sich darum kümmert, auf dieser Basis können die beiden dann auch wirksam einander helfen. Partner können sich gegenseitig nicht erlösen. Sie können es nicht für den anderen machen. Sie können nicht das aneinander gutmachen, was in ihren Herkunftsfamilien schief gelaufen ist. Dafür muss wirklich jeder selber sorgen. Aber wenn jeder das tut, können sie einander dabei trotzdem hilfreich sein, ohne sich in ungute Retter-Opfer-Symbiosen zu verstricken. Hänsel und Gretel im Märchen sind ein Paar, das sich hervorragend gegenseitig unterstützt, das hervorragend miteinander kooperiert. Das ganze Märchen ist von Anfang bis Schluss voll mit Beispielen davon: Sie horchen miteinander die Eltern bei ihren dunklen Plänen aus; weil Hänsel die Tasche voller Steine hat, nimmt Gretel für beide das Brot zu sich; wenn einer verzagt, tröstet ihn der andere; sie teilen ihr Brot miteinander, als sie nur noch eines haben; Hänsel hält die Hexe so lange hin, bis sich eine gute Gelegenheit ergibt, dass Gretel sie in den Ofen schubsen kann, und so weiter. Am Anfang ist wohl Hänsel der Aktivere, aber Gretel macht immer mit, bis sie schließlich gegen Schluss des Märchens auch selbst immer mehr Führung und Initiative übernimmt.

Bei Hänsel-und-Gretel-Paaren fehlt es oft an dieser gegenseitigen Unterstützung und Kooperation: Vielmehr sabotieren sie sich nicht selten gegenseitig. Weil er von ihr so viel erwartet, geht sie in Streik, oder weil sie von ihm so viel erwartet, verschließt er sich. Einer lässt den anderen hängen, weil er sich selbst so überfordert fühlt. Der entscheidende Punkt, warum sie nicht kooperieren und sich gegenseitig unterstützen, ist zweifellos, weil sie sich die Schuld an der Misere gegenseitig zuschieben. Würde jeder seinen Anteil zugeben und sich darum eigenverantwortlich kümmern, wäre die entscheidende Basis dafür gelegt, zu gegenseitiger Unterstützung und gemeinsamer Kooperation zu kommen.

Im Märchen feiern und genießen Hänsel und Gretel ihren Sieg über die Hexe. Aber sie machen die Erfahrung, dass es damit immer noch nicht getan ist. Gegen Ende des Märchens gibt es noch eine wichtige Episode, an die sich die meisten Menschen, wenn man sie nach dem Märchen fragt, gar nicht mehr erinnern dürften. Da wird nämlich noch eine weitere, insgesamt die dritte Krise geschildert. Der Heimweg der Kinder wird unterbrochen: durch ein großes Wasser, heißt es im Märchen. Auch das Wasser ist ein Symbol für das Unbewusste. Es taucht aus ihren Seelen somit ein neues Hindernis für ein gutes Ende auf. Auch das Wasser hat mit dem Mütterlichen, und wir könnten wieder ergänzend sagen, mit dem Elterlichen zu tun, das offenbar in seinen negativen Aspekten immer noch nicht restlos »bewältigt« ist, sodass es einfach aus dem Leben verschwunden wäre. Das heißt, die Hexe ist nicht einfach tot, wie Gretel im Märchen gejubelt hat. Sie taucht in verwandelter Form ein weiteres Mal auf. Aber Gretel lässt sich nicht beirren, der bisherige Erfolg hat sie offenbar so gestärkt, dass sie sofort in die Offensive geht. Sie ruft ein hilfreiches Tier, eine Ente, herbei, und – sie hindert Hänsel daran, mit ihr zusammen die Ente als Fähre zu nutzen. Damit macht sie ganz klar, dass man da nicht einfach zusammen über das Wasser kann: Das wäre eine Überforderung für das kleine Tier und würde nur zum Untergang führen. Das heißt, auch hier wieder muss jeder seine Schritte selber tun, und Gretel hat das ganz klar verstanden. Man kann sich helfen, man kann sich unterstützen, aber die eigenen Schritte über das Wasser muss jeder in eigener Verantwortung tun. Diese kleine, oft vergessene Passage des Märchens enthält also nochmals eine wichtige Botschaft: Es wird, auch wenn wichtige, entscheidende Schritte getan sind, diese Situationen immer wieder geben, wo es mit dem Weiterkommen trotzdem schwierig wird, wo Hindernisse aus der eigenen Seele und aus der eigenen Vergangenheit auftauchen. Auch das können Hänsel-und-Gretel-Paare aus dem Märchen lernen: Unsere Herkunftsgeschichte, auch mit allen ihren Einschränkungen, gehört zu unserer Identität dazu. Wir können sie nicht einfach abstreifen, wir werden sie mitsamt ihren Hindernissen nicht einfach los. Sie wird in kritischen Augenblicken unserer Beziehung immer wieder auftauchen. Aber wir können lernen, immer konstruktiver mit ihr umzugehen, wir können lernen, uns immer wirksamer dabei gegenseitig zu unterstützen, und es wird dann immer leichter und mit immer weniger Dramatik möglich sein, die Dinge wieder in gute Bahnen zu lenken.

Übrigens ist es vielleicht nicht ganz zufällig, dass es hier Gretel ist, die Hänsel einen Strich durch die Rechnung macht, indem sie ihn hindert, mit ihr zusammen das Entchen zu besteigen. Wenn er gemeinsam mit ihr auf der Ente über den Fluss will, heißt das vielleicht, er hält trotz aller erfolgreichen Auseinandersetzung mit seiner Hexe noch immer ein wenig an einer symbiotischen Beziehungsvorstellung fest. Und wenn Gretel sich wehrt und sagt: Nein, es geht nur nacheinander, nicht miteinander, dann spiegelt sich darin möglicherweise eine Erfahrung, die ich jedenfalls aus der Paartherapie bestätigen kann, nämlich die Erfahrung, dass aufs Ganze gesehen die Männer sich noch ein Stück schwerer tun als Frauen, ihre Erlösungshoffnungen, die sie in die Partnerschaft setzen, endgültig aufzugeben und selber die Verantwortung für ihr Seelenleben zu übernehmen.

Schließlich enthält das Märchen noch eine letzte hoffnungsvolle Botschaft für Hänsel-und-Gretel-Paare: Am Schluss gibt es Schätze über Schätze für beide, Gold, Perlen und Edelsteine. Also die Auseinandersetzung lohnt sich. Die Liebe des Anfangs, die großen Hoffnungen aufeinander, das tiefe Verständnis füreinander, das ist alles nicht kaputt, nicht verschwunden. Es ist reicher und tiefer als am Anfang, es hat sich auf eine Weise erfüllt, wie es nicht zu erwarten war. Allerdings: Es ist ganz anders gelaufen, als sich die beiden das vorgestellt und gewünscht haben, und es war notwendig, die eigenen Vorstellungen loszulassen, die Krisen anzunehmen und durch sie aktiv und initiativ hindurchzugehen, und zwar nicht nur einmal, sondern immer wieder.

Erst auf diesem Weg finden die beiden am Schluss ihr eigenes Zuhause, in dem sie sich niederlassen und sicher sein können. Dass in diesem Zuhause der gute Vater anwesend, die böse Stiefmutter aber tot ist, entspricht wieder der einseitigen und schwarz-weiß zeichnenden Sichtweise des Märchens. Wenn wir es davon befreien, können wir das vielleicht so deuten: Beide haben die negativen Elternaspekte in ihren Seelen überwunden und können Vater und Mutter nun in einer positiven Weise und versöhnt annehmen. Jedenfalls ist dies oft der Prozess bei Hänsel-und-Gretel-Paaren: Wenn sie nicht in der Opferrolle stecken geblieben sind, wenn sie sich aus ihrem Schuld-Zuschreibungs-Muster befreit haben, finden sie meist auch zu einer Versöhnung mit ihrer Herkunft und können die Eltern in einem milderen Licht und in ihren positiven Seiten sehen. Hänsel und Gretel, versöhnt mit ihrer Vergangenheit, reich an den Schätzen ihrer Erfahrung, glücklich in ihrer Liebe zueinander: Das ist das hoffnungsvolle Bild, welches das Märchen am Schluss Paaren mitgibt, die sich in dem Geschwisterpaar wieder finden.

Die Nixe im Teich
Wie man(n) die Angst vor weiblicher Nähe überwindet und sie genießen lernt

Worum es in diesem Kapitel geht

Frauen wissen von der Angst ihrer Männer vor Nähe viele traurige Lieder zu singen. Eine uralte Beziehungsphantasie: Der Mann, der von der Frau verführt und »in die Tiefe gezogen wird«. Und genauso alt die gegenteilige Phantasie: Der Mann, der mit der geliebten Frau in Leidenschaft und Hingabe verschmilzt und das Paradies auf Erden erlebt. Was haben diese beiden – die Wunschphantasie und die Angstphantasie – miteinander zu tun? Wie kann das »zwei-deutige« Hin- und Herschwanken vieler Männer zwischen beiden Polen überwunden werden – zugunsten einer »ein-deutigen« Liebe?

Eine Beziehungsphantasie, die in unseren Märchen und Mythen ebenfalls immer wieder auftaucht, ist die von der verführerischen Nixe und dem Mann, der ihrer Verführung nicht widerstehen kann und von ihr in die Tiefe und damit in sein Verderben gezogen wird. Meist steht dieser bösen, verlockenden Nixe eine brave Gefährtin und Ehefrau gegenüber. Der Mann steht zwischen den beiden Frauen. Bei den Brüdern Grimm gewinnt die gute Frau den Kampf gegen die böse, allerdings erst nach schier übermenschlichen Anstrengungen. Die Geschichte in der Fassung der Brüder Grimm hat den folgenden Verlauf:

Nacherzählung des Märchens »Die Nixe im Teich«

Es lebte ein junger Jäger, Sohn eines Müllers, zusammen mit seiner Frau glücklich in einem kleinen Häuschen. Der Vater des Jägers war um die Zeit seiner Geburt in wirtschaftliche Not geraten und hatte für die Hilfe einer Nixe ihr »was eben in seinem Hause jung geworden ist« versprochen, ohne zu ahnen, dass sein einziger Sohn damit gemeint war. Das Unglück ereilte den Herangewachsenen, als er sich nach dem Ausweiden eines Rehes die Hände im Weiher wusch. Die Nixe stieg empor, umschlang ihn lachend mit ihren nassen Armen und zog ihn hinab. Als er abends nicht nach Hause kam, machte sich die Frau des Jägers in böser Vorahnung auf die Suche nach ihm. Sie fand seine Jägertasche am Weiherufer und umkreiste mehrmals weinend und wehklagend den Teich. Als sie vor Müdigkeit einschlief, träumte sie von einer alten Frau, die ihr weiterhelfen würde. Am nächsten Tag fand sie die Alte tatsächlich. Diese gab ihr einen goldenen Kamm, den sollte sie bei Vollmond an den Rand des Weihers legen. Nun musste sie erst noch bis zum Vollmond warten. Dann tat sie wie geheißen, und der Weiher spülte den Kamm in die Tiefe, aus der ihr geliebter Mann auftauchte, aber sofort wieder verschwand. Noch zwei Gegenstände – eine Flöte und ein Spinnrad – musste sie auf die gleiche Weise der Nixe darbringen, bis ihr Mann vollständig befreit war und zu ihr ans Land sprang. Doch die Freude währte nur kurz: Die Nixe gab sich nicht geschlagen und schickte eine riesige Flut, die beide überschwemmte. Aber Jäger und Frau wurden von der hilfreichen Alten in Kröte und Frosch verwandelt. So überstanden sie die Flut, wurden jedoch so weit voneinander getrennt, dass sie, obwohl schon wieder in menschlicher Gestalt, doch noch lange Jahre als Hirten durch die Lande zogen, bis sie sich endlich wieder fanden. »Sie umarmten und küssten sich und ob sie glückselig waren, braucht keiner zu fragen.«

Die Angst des Mannes vor der weiblichen Nähe

Immer wieder höre ich von Frauen folgende und ähnliche Aussagen über ihre Männer: »Komisch, wenn ich ihm in die Augen schauen will, schaut er weg – wie peinlich berührt.« – »Wenn er nach Hause kommt, hat er immer noch tausend Sachen zu tun. Nur mal ein paar Minuten einfach neben mir sitzen – das hält er nicht aus.« – »Beim Sex macht er die Augen zu und ist wie weggetreten. Es läuft ab – irgendwie rein triebhaft, ohne jeden Kontakt zu mir.« – »Er kann nicht streicheln und zärtlich sein. Entweder er kommt gleich ›zur Sache‹, oder es findet eben gar nichts statt.« – »Wenn ich ihn unerwartet von hinten berühre, zuckt er zusammen, als wollte ich ihm etwas antun …« In solchen Aussagen geht es um das Thema Nähe, und zwar vor allem um emotional-seelische Nähe. Viele Frauen haben das Gefühl: Ihre Männer meiden diese Nähe, laufen vor ihr davon, schützen sich vor ihr – weil sie Angst davor haben. Hier – in diesen Alltagssituationen – taucht sie also bereits auf, die Angst des Mannes vor weiblicher Nähe, obwohl von gefährlichen Nixen hier noch keine Spur zu sein scheint!

Es ist eigenartig: Männer haben doch auch große Sehnsucht nach Frauen, nach dem Weiblichen überhaupt. Wenn sie miteinander reden, vor allem, wenn sie noch jünger sind, ist das doch eines ihrer Hauptthemen. Der weitaus überwiegende Teil unserer Liebeslyrik stammt von Männern. Und nur zu oft ist ihnen – sehr zum Leidwesen ihrer Frauen – eine einzige Frau sogar zu wenig, wie die vielen Außen- und Nebenbeziehungen von Männern zeigen. Und wenn sie verliebt sind, wie nah können sie dann sein! Frauen sind oft ganz gerührt und fasziniert, wenn sie sich an diese Zeit erinnern.

In der Brust des Mannes scheint es besonders hier die berühmten »zwei Seelen« zu geben: die eine sehnt sich nach der Frau, nach Nähe und Verschmelzung mit ihr. Die andere hat Angst davor, ist auf der Hut, vermeidet sie darum und blockt ab.

Angst wovor?

Was haben Frauen, die Nähe haben wollen, Gefahrvolles für Männer? Wohl zunächst schon einmal das: Männer wollen gerne das Heft in der Hand behalten. Wenn die Frau aber, weil es mehr ihren Bedürfnissen entspricht, bezüglich Nähe stärker initiativ wird als der Mann, dann nimmt sie an diesem Punkt das Heft in die Hand. Nicht selten ist die Reaktion des Mannes darauf, dass er dann nicht mehr »kann« – vom Aushalten des Blickkontakts angefangen bis hin zum Geschlechtsverkehr. Es scheint sich so zu verhalten, dass Männer die Tendenz haben, die Kontrolle behalten zu müssen, auch über die Regulierung von Distanz und Nähe. Wenn ihnen die zu entgleiten droht, weil die Frau zu initiativ wird, wird es ihnen mulmig – obwohl es andererseits auch hier wiederum die geheime männliche Sehnsucht gibt, von der Frau einmal so richtig »genommen« zu werden, vor allem im Sexuellen – bis hin zur »Domina«, deren Angebot auf die Befriedigung dieses Bedürfnisses ausgerichtet ist.

Auch hier also wieder die eigenartige Doppelgesichtigkeit! Die Nähe zur Frau als Quelle der Lust und die Nähe zur Frau als Gefahr – und da, wo diese Gefahr erlebt wird, scheint die Frau für den Mann die gefährlichen Züge der Nixe anzunehmen, die ihm zum Verderben wird – wie dem Müllerssohn im Grimm'schen Märchen. Wie kommt das und was steckt dahinter?

Um das ganz zu verstehen, müssen wir wohl an den Anfang des männlichen Lebens zurück, zur ursprünglichen Erfahrung des Mannes mit dem Weiblichen. Dabei erkennen wir, dass schon diese allererste Erfahrung mit dem Weiblichen doppeldeutig ist. Der kleine Junge ist einerseits ganz auf die Mutter bezogen: In ihrem Bauch ist er ganz mit ihrem Leben verschmolzen, und nach der Geburt ist er vollständig auf sie angewiesen. Aber andererseits ist er auch »ganz anders« als sie: In seinem Geschlecht unterscheidet er sich bereits von Anfang an. Vielleicht liegt hier die Wurzel der Ambivalenz des Mannes dem Weiblichen gegenüber. Von der Mutter ist er gekommen, bei ihr ist Nahrung, Sicherheit und Geborgenheit. Sie ist der Urquell von Lust und Leben. Die Verschmelzung mit dem Weiblichen ist und bleibt darum für ihn Inbegriff aller Seligkeit. Das ist aber nur die eine Seite. Die andere ist: Er muss von dieser Mutter aber auch weg, um er selbst zu werden. Darum ist die Angewiesenheit auf sie auch gefährlich. Er muss sich abgrenzen, um sich selbst nicht zu verlieren, er muss weg, um seine eigene Männlichkeit zu finden. Kommt er nicht los von ihr, verkümmert er, wird er ein Muttersohn, der »nicht seinen Mann steht«.

Hierin unterscheiden sich Mädchen und Jungen von Anfang an. Zwar muss sich auch das Mädchen von der Mutter lösen, um ihr Eigenes zu finden. Aber sie kann dabei immer »im weiblichen Bereich« bleiben. Darum braucht diese Lösung nicht so radikal zu sein. Das Mädchen kann, weil gleichen Geschlechts, in seiner Ablösung viel stärker auch die

Verbindung zur Mutter behalten, ohne sich selbst dabei zu verlieren.

Leben spendend und Leben vernichtend

Von daher ist für den Mann das Mütterliche, und damit das Weibliche überhaupt, von Anfang an Glück und Gefahr zugleich. Dies scheint eine generelle männliche Grunderfahrung zu sein. Denn die eigenartige Doppelgesichtigkeit des Weiblichen für den Mann spiegelt sich vielfältig in den Überlieferungen der Menschheit wider. Die Muttergottheiten der alten Religionen hatten immer diesen Doppelaspekt: Leben spendend und Leben vernichtend. Sie werden mit vielen üppigen Brüsten dargestellt und zugleich mit Mordwerkzeugen in den Händen: »Verströmende Mutterliebe und zugleich verschlingender, zehrender Vampirismus« kommt in ihnen zum Ausdruck. Die Mutter-Göttin »ist nährende Amme und kinderfressende Hexe in einem«.[1] Diese Hexe finden wir auch in unseren Märchen wieder, am deutlichsten in der Hexe des Märchens »Hänsel und Gretel«, die die Kinder einerseits beherbergt und verwöhnt und andererseits Hänsel in den Käfig steckt, um ihn zu mästen und dann zu verspeisen.

Zu dieser ganz allgemeinen männlichen Grunderfahrung kommen noch speziell lebensgeschichtliche Erfahrungen durch besondere Familienkonstellationen, durch die die Ambivalenz vieler Männer in Bezug auf weibliche Nähe noch sehr verstärkt werden kann: Sie haben als Kinder Mütter erlebt, die bei ihnen die emotionale Zuwendung suchten, die sie nur hätten von ihren Partnern bekommen können, die sie aber nicht bekamen – weil die Männer abwesend waren durch den Krieg, die Gefangenschaft und später durch Überbeschäftigung in Wiederaufbau und Wirtschaftswunder. Ohne sich dessen bewusst zu sein und oft ohne es zu wollen, haben sie ihre Söhne zu »Ersatzpartnern« gemacht. Solche Söhne, solche »heimlichen Partner« ihrer Mütter haben sich gebunden, festgehalten erlebt und darum die Doppelgesichtigkeit des Weiblichen – Leben spendend und Leben gefährdend – besonders krass erfahren. Darum sind sie als Erwachsene natürlich besonders auf der Hut davor, von Frauen vereinnahmt zu werden.

Hier also, in diesen allgemeinen und speziellen lebensgeschichtlichen Erfahrungen liegen die Wurzeln der männlichen Angst vor weiblicher Nähe, die die Frauen in den beschriebenen Beispielen beklagen. Häufig ist es dabei so, dass in der ersten Zeit der Verliebtheit eher der Leben spendende Aspekt des Weiblichen im Vordergrund steht, sodass in dieser Zeit die Verschmelzung und die Hingabe ausgelebt werden können. Im Laufe der Zeit aber drängt sich der andere Aspekt, der bedrohliche, in den Vordergrund, und das führt dann zu den unterschiedlichsten Abwehrstrategien, von denen die Rede war: wegschauen, Augen zumachen, immer mit etwas anderem beschäftigt sein oder zwanghaft die Kontrolle behalten müssen, sodass es beim Sex zum Beispiel nur nach seinem Kopf ablaufen darf. Das »Beabsichtigte« dabei wird erreicht: die »gefährliche« Nähe geht verloren. Das beklagen aber dann die Frauen, und auch die Männer gehen leer aus, denn andererseits ist ja die intensive Nähe zur Frau – mit ihr verschmelzen, mit ihr eins werden – auch ihre tiefste Sehnsucht.

Die böse und die gute Frau

Aus diesem Grund scheinen die Menschen im Laufe der Geschichte auch noch andere Strategien entwickelt zu haben, wie man weibliche Nähe »entschärfen« kann. Damit kommen wir wieder zu unserem Märchen. Hier wird die weibliche Nähe so entschärft, dass das Weibliche aufgespalten wird in zwei Frauengestalten. Was bei der Mutter aus der besonderen lebensgeschichtlichen Situation des Jungen heraus in einer Frau verkörpert erlebt wurde, wird jetzt aufgeteilt.

Die eine Frauengestalt wird zur hingebungsvollen Ehefrau, die nicht viel für sich will und immer für den Mann da ist, deren Nähe also nicht mehr »gefährlich« (allerdings auch nicht mehr sehr spannend) ist, und die andere, die »mehr« will, weil sie auch eigene Bedürfnisse hat, die wird zur Nixe, Sirene, Hexe, die ins Verderben zieht. Es wird also eine massive moralische Wertung vorgenommen: Die eine, die »Ungefährliche« ist die brave Frau, die andere, die Nixe, ist die böse. Im Grimm'schen Märchen geht es gut aus, als sich der Müllerssohn endgültig von der bösen Nixe ab- und seiner guten Frau zugewendet hat. Allerdings wird hier recht drastisch deutlich gemacht, dass es ihn schier unendliche Mühen kostet, bis er sich dem Einfluss der bösen Nixe endgültig entziehen kann.

Nicht das Herz öffnen

Die mit diesen moralischen Kategorien vorgenommene Aufspaltung ist trotzdem nicht so wirksam, wie man sich verspricht. Denn »ewig lockt das Weib«: Immer noch bleibt die Verlockung, und je verbotener sie ist, desto spannender wird sie ja andererseits sogar. Die bisherigen Strategien laufen außerdem immer darauf hinaus, dass der Mann sich »bremsen muss«. Bei der Ehefrau wird es zu gefährlich, bei der »Nixe« ist es verboten. Gibt es keine Möglichkeit, die verlockende Seite, die Sehnsucht nach orgiastischer Verschmelzung zu leben ohne die männliche Urangst, verschlungen zu werden?

Doch, die gibt es. Auch dafür wurden Strategien in unserer Tradition entwickelt, wir finden sie sogar schon in der Bibel. Im Alten Testament, im Buch der Richter (16,4–31) wird die berühmte Geschichte von Samson, dem bärenstarken Führer der Israeliten, und Dalilah, der schönen Frau aus dem feindlichen Lager der Philister, erzählt. Dalilah gehört nämlich dem Volk an, das die Israeliten aus dem Land haben will. Samson hat sich in sie verliebt. Aber weil sie eindeutig zur Sorte der »bösen Frauen« gehört, missbraucht sie diese Liebe dazu, ihm, der mit seiner unbändigen Kraft die Philister tyrannisiert, das Geheimnis dieser Kraft zu entlocken. Seine Kraft liegt in seinen langen, ungeschorenen Haaren. Dalilah entlockt ihm mit ihren Verführungskünsten dieses Geheimnis. Als er nach dem Liebesakt eingeschlafen ist, schneidet sie ihm die Haare ab. Damit hat sie ihn um seine Manneskraft gebracht, sie hat ihn auf ihre Weise »in die Tiefe gezogen«, und es ist nun den Philistern ein Leichtes, ihn in ihre Gewalt zu bringen. Erst in der langen Gefangenschaft, in der er betet und Buße tut, wachsen ihm seine Haare wieder, und er zerstört mit seiner wieder erstarkten Kraft die Philister und sich selbst dazu, weil er ihren Tempel, in dem sich alle versammelt haben, um den Sieg ihres Götzen zu feiern, zum Einsturz bringt.

Es ist also auf den ersten Blick wieder dieselbe Geschichte wie die der Nixe im Teich und ihrer verschiedenen Variationen. Aber interessanterweise wird hier keineswegs nur mit moralischer Tabuisierung operiert. Aus dieser Geschichte geht klar hervor, was Samson hätte tun und was er hätte vermeiden müssen, um seine Kraft zu behalten. Er hätte keineswegs die Beziehung zu Dalilah meiden müssen. Da ist der biblische Text sehr großzügig. Wenn er sie sich als Geliebte gehalten hätte, dagegen wäre nichts einzuwenden. Er darf alles mit ihr genießen, was er möchte. Der Fehler Samsons liegt in etwas anderem. Der hebräische Text bringt es genau zum Ausdruck. Da heißt es nämlich, dass Dalilah den Samson, nachdem sie von ihm wiederholt getäuscht worden ist, nun stark bedrängt, offen zu ihr zu sein: »Da war seine Seele sterbenselend, und er erzählte ihr sein ganzes Herz« (16,16f).[2] Das ist sein Fehler, dass er ihr »sein ganzes Herz erzählte«, also ihr sein Innerstes öffnete! Das hätte er nicht tun dürfen. Damit hat er sich ihr ausgeliefert, und das hat ihn seine Kraft gekostet.

Die »Moral von der Geschicht« lautet also: Du kannst deinen Spaß mit ihr haben, aber du musst ihrem Ansinnen, dich ihr zu öffnen, widerstehen! So kann man auch über die gefährliche Frau, die Nixe, die Kontrolle behalten, ohne auf sie verzichten zu müssen. Diese Strategie wird seither häufig befolgt, zum Beispiel indem er eine Außenbeziehung eingeht, die er geheim hält. Dadurch bleibt sie in einem ausgegrenzten Raum, »im Dunkel«, und keine der beiden Frauen, weder die Geliebte noch die Ehefrau, hat den Mann dann »ganz«, hat »sein Herz«, weil er sich weder da noch hier ganz einlassen »muss«. Oder er nimmt die Liebesdienste von bezahlten Frauen in Anspruch. Dann kann er zwar alle sexuellen Sehnsüchte ausleben, aber durch die Bezahlung und den gewählten Rahmen ist er ebenfalls davor geschützt, »ihr sein Herz zu erzählen«. So kann er sie haben – und behält trotzdem die Kontrolle.

Sich als Mann annehmen

Aber auch im Blick auf diese Strategie muss man sagen: Sie bringt nicht wirklich eine Lösung. Sicherlich merken das viele Männer nicht. Sie scheinen ganz zufrieden, wenn sie eine »brave Ehefrau« zu Hause haben und zwischendurch mit heimlichen Geliebten oder im Bordell ihre orgiastischen Sehnsüchte leben. Aber es kann sein, dass sich plötzlich eine andere Sehnsucht meldet – während sie so leben oder vielleicht weil ihnen plötzlich eine Frau begegnet, bei der es »anders« ist: Es ist die Sehnsucht, gerade in der Beziehung, im Kontakt, in der sexuellen Hingabe »sein ganzes Herz zu erzählen«, das heißt: sich ganz einzulassen. Es ist die Sehnsucht nach dem, was Rubens in seinem berühmten Gemälde dargestellt hat: der bärenstarke Samson, der nicht mehr auf der Hut ist, sondern sich ganz übergibt und seinen Kopf vertrauensvoll in den Schoß Dalilahs bettet. Nicht mehr auf der Hut sein müssen, loslassen können, sich hingeben – trotz aller »Gefahren«! Wenn der Mann das schafft, dann spürt er in der Regel: Dalilah hat keineswegs – wie auf dem Gemälde – das Messer in der Hand, um ihm gleich, wenn er eingeschlafen ist, die Haare abzuschneiden. Vielmehr nimmt sie die Hingabe freudig an und erwidert sie aus ganzem Herzen.

Aber wie kann man dazu kommen? Wie kann der Mann die Angst, die Haare abgeschnitten zu bekommen, der Kraft beraubt, in die Tiefe gezogen zu werden, überwinden? Es gibt nur einen Weg – und der ist leichter beschrieben als begangen: Der Mann muss die Erfahrung mit seiner Mutter in seiner Seele trennen lernen von der Erfahrung mit dieser Frau. Denn wenn er diese beiden Ebenen vermischt, wird er die Erfahrung mit seiner Mutter immer mit den Erfahrungen mit anderen Frauen vermengen. Dann werden andere Frauen immer wieder partiell für ihn »zur Mutter«, und er benötigt ihnen gegenüber dann alle jene Abwehrstrategien, von denen wir gesprochen haben.

Wie aber trennt man innerlich die Erfahrung mit der Mutter und dem Mütterlichen von der Erfahrung mit einer Frau? Darauf ist eine Antwort in mehreren Schritten erforderlich. Der erste Schritt ist: indem man sich bewusst macht, was es noch an »unerledigten Angelegenheiten« mit der Mutter im eigenen Leben gibt. Mutter-Übertragungen wirken sich dann in der beschriebenen Weise störend auf die Liebesbeziehung zu einer Frau aus, wenn der Mann mit dieser Mutter noch immer »unerledigte« Themen hat.[3] Oder anders ausgedrückt: wenn er in seiner Seele zu Teilen noch immer der kleine Junge ist, der an ihr hängt, der mit ihr kämpft, der sich nach ihr sehnt, mit einem Wort: der nicht wirklich von ihr abgelöst ist. Und weil er nicht abgelöst ist, deshalb muss er noch immer fürchten, von ihr »verschlungen« zu werden, und darum muss er sich immer noch gegen sie wehren.

Wenn er sich das bewusst gemacht hat, geht es als Zweites darum, den mütterlichen Bereich zu verlassen, und das heißt: jetzt im Erwachsenenalter ein Stück Entwicklung vom Jungen zum Mann noch nachzuholen. Wie geht das? Wie verlässt man den mütterlichen Bereich, um alle jene Kontrollstrategien zu überwinden, die im Erwachsenenleben zum Hindernis für die Liebe zu einer Frau werden? Es gibt Märchen und Mythen, in denen solche Entwicklungswege ausführlich dargestellt werden. Dabei geht es – zum Beispiel im russischen Märchen von der Froschprinzessin[4] oder auch in der Parzival-Sage – immer darum, dass der junge Mann sich auf das Väterliche einlässt, das heißt, eine Vater-Figur findet, die ihn lehrt, unterstützt und mit der er sich auseinander setzt. Das heißt: Den mütterlichen Bereich verlässt man dadurch, dass man den väterlichen betritt. Das ist der Weg, wie man sich von der Angst vor weiblicher Nähe befreit und reif wird zu einer ebenbürtigen Liebe.

Das heißt aber andererseits, und das ist der dritte Schritt der Antwort: Den mütterlichen Bereich verlässt man nicht dadurch, dass man die Mutter aggressiv zurückstößt oder Konflikte mit ihr inszeniert, und auch nicht dadurch, wie das in manchen erlebnisorientierten Therapierichtungen propagiert wird, dass man sie symbolisch und im Rollenspiel »totschlägt«. Abgrenzung kann im Ablösungsprozess natürlich auch konflikthaft sein. Aber wenn man meint, dies durch Aggressivität oder Rücksichtslosigkeit schaffen zu müssen, besteht die Gefahr, sich damit lediglich in einer Trotzposition zu verhärten. Trotz ist aber wieder nur Abhängigkeit – mit negativen Vorzeichen. Darum trägt eine Trotzposition der Mutter gegenüber nichts bei zu einem unambivalenten Liebesverhältnis zur Frau. Wirkliche Ablösung geschieht, wenn der Mann von der Mutter zum Vater geht, wenn er im Vater Rückhalt und Stütze gefunden und sich so in seinem eigenen Geschlecht gegründet hat.

Viele Männer haben diesen Schritt vom mütterlichen in den väterlichen Bereich noch nicht vollzogen, auch wenn sie bereits erwachsen und selber Väter von Kindern sind.

Man erkennt das daran, dass sie zum Beispiel heute immer noch gegen ihre Väter kämpfen, es ihnen »beweisen wollen« oder sie verachten. Das ist die Kehrseite des Muttersohns, der innerlich noch immer »bei der Mutter« festhängt und darum Frauen nicht eindeutig und ohne Ambivalenz lieben kann. Deshalb besteht die Heilung des Muttersohns wesentlich darin, dass er sich – vierter Schritt der Antwort – mit dem eigenen Vater aussöhnt. Sich mit dem Vater auszusöhnen bedeutet, dass man mit ihm seinen Frieden schließt, dass man ihn als seinen Vater annimmt und sich als seinen Sohn sieht.[5] Dadurch bejaht man die Wurzeln der eigenen Männlichkeit und sagt somit Ja zu sich als Mann. Dadurch beginnt man, den eigenen Vater als positive Kraft im Rücken zu spüren, der einen stärkt und im Leben begleitet.

Diese Aussöhnung kann schwierig sein, je nachdem, wie man die Beziehung zu ihm als Kind erlebt hat. Sie ist aber möglich, selbst wenn der Vater kein strahlendes Vorbild war, und auch dann, wenn man unter ihm gelitten hat. Denn es ist ein seelischer Vorgang, und man kann heute immer noch – indem man zum Beispiel eine Therapie macht – seinen Teil dazu tun, diese Aussöhnung zustande zu bringen. Man muss sich allerdings auf den Weg machen, sich intensiv und über längere Zeit mit dem Vater-Thema auseinander setzen. Das kann mühselig sein, aber es lohnt sich: Denn der Weg zum Vater ist gleichzeitig der Weg zur reifen Liebe zu einer Frau.

Diese innere Aussöhnung mit dem eigenen Vater ist sicher das Zentrale. Darüber hinaus kann es aber – fünfter Schritt der Antwort – hilfreich sein, sich positive Erfahrungen mit dem Männlich-Väterlichen zu verschaffen, indem man zum Beispiel anfängt, liebevolle Kontakte zu anderen Männern zu pflegen. Auch das stärkt das positive Gefühl der eigenen Männlichkeit gegenüber und hilft, sich in den eigenen männlichen Wurzeln zu gründen. Außerdem ist es eine gute Möglichkeit, sich ganz konkret positiv-väterliche Erfahrungen zu verschaffen, indem man in anderen Männern ein

Stück »positiven Vater« sucht und anspricht, sich also Rat, Orientierung und Unterstützung holt und es genießt, in dieser Weise »bevatert« zu werden.

So können Männer auch im Erwachsenenalter noch den mütterlichen Bereich verlassen und mehr »zum Mann« werden. Und ein Mann, der seine eigene Männlichkeit liebevoll angenommen hat, braucht keine angstvollen Kontrollstrategien mehr, um von Hexen, Nixen und Sirenen nicht verführt, aufgefressen oder in die Tiefe gezogen zu werden. Die Hexen-, Nixen- und Sirenen-Seite der Frau wird für ihn zur Bereicherung der Beziehung, und die Frau wird zur ebenbürtigen Partnerin, der er sich in Liebe schenken und deren Liebe (und Verführungskünste) er in vollen Zügen genießen kann, ohne sich als Mann dabei zu verlieren.

Der Fischer und seine Frau
Womit er Ilsebill zufrieden stellen könnte, ohne sich selbst zu verlieren

Worum es in diesem Kapitel geht

Er bemüht sich sehr, er tut (fast) alles für sie, aber irgendwie ist es immer nicht recht. Nie ist sie wirklich zufrieden. So wie Ilsebill. Ist sie so unersättlich? Oder will sie – vielleicht ohne es selber so genau zu wissen – etwas ganz anderes? Vielleicht sogar etwas viel weniger Aufwändiges als Schlösser und Paläste? Die unzufriedene Frau und der doch so gutwillige Mann – ein häufiges Beziehungsmuster! Es lohnt sich, am Märchen vom Fischer und seiner Frau etwas darüber zu lernen, wie beide Partner an der Unzufriedenheit der Frau beteiligt sind.

Vor einiger Zeit habe ich in der Zeitung von einer wissenschaftlichen Umfrage gelesen, welche die Gemütslage von Frauen erfassen sollte, die in fester Bindung lebten, um sie mit der Gemütslage von allein lebenden Frauen zu vergleichen. Das bemerkenswerte Ergebnis lautete: Frauen in festen Bindungen sind zu einem viel höheren Prozentsatz depressiv als ihre »bindungslosen« Geschlechtsgenossinnen! »Unter die Haube zu kommen«, scheint heutzutage das weibliche Glück keineswegs mehr zu garantieren. Im Gegenteil: Frauen sind in großer Zahl unzufrieden mit ihren Partnerbeziehungen. Die Männer reagieren darauf eher hilflos. Oft höre ich: »Ich für mich habe kein Problem. Mein einziges Problem ist, dass meine Frau ein Problem hat …« So versuchen sie halt, »es ihr recht zu machen«, aber es nützt nicht viel, die Unzufriedenheit nimmt meist nicht ab, sodass sie schließlich genervt das Handtuch werfen und sagen: »Ich kann tun, was ich will, es passt ihr nie!« Das ist genau die Situation, die im Märchen vom Fischer und seiner Frau dargestellt ist. Da ist auch ein Mann, der es seiner Frau immer recht machen will, aber es nützt nichts, sie wird immer unzufriedener: »Meine Frau, die Ilsebill, will nicht so, wie ich es will!« Insofern scheint das Beziehungsmuster, das uns hier in extremer Ausprägung vorgeführt wird, durchaus auch für heute interessant zu sein.[6]

Nacherzählung des Märchens vom Fischer und seiner Frau

»Es war einmal ein Fischer und seine Frau, die wohnten zusammen in einem Pisspott nahe an der See.« Eines Tages fing der Fischer einen großen Butt. Er staunte aber nicht schlecht, als der Butt anfing mit ihm zu sprechen: Er sei ein verwunschener Prinz und bitte den Fischer, ihm doch wieder die Freiheit zu geben. Der Fischer warf ihn zurück in die See. Zu Hause erzählte er seiner Frau Ilsebill von dieser merkwürdigen Begegnung. »Hast du dir denn nichts gewünscht?«, fragte sie sofort und drängte den Fischer, wieder zurückzugehen und von dem Butt zu verlangen, ihren alten Pisspott in ein kleines Häuschen zu verwandeln. Und wirklich wohnten die Eheleute von nun an in einem schmucken Häuschen und hatten ein leichteres Leben. Aber nicht lange darauf war die Frau nicht mehr zufrieden und wünschte sich ein Schloss. Als der Fischer ihrem Drängen schließlich nachgab und den Butt anrief, war das Wasser drohend dunkel gefärbt. Der Butt gewährte ihm aber den Wunsch. Allein, die Frau gab immer noch keine Ruhe. Wenn sie schon in einem Schloss wohnte, wollte sie nun auch König werden. Grauschwarz, brodelnd und stinkend empfing die See den Fischer, dennoch bekam Ilsebill, was sie verlangte. Noch dreimal musste der Fischer hinaus, obwohl ihn beim Anblick der schäumenden See mehr und mehr das Grauen packte. Ilsebill wollte Kaiser werden, dann Papst, schließlich wollte sie gar sein wie der liebe Gott. Da wurde es dem Butt zu bunt, und aus einer sturmgepeitschten See tönte dem Fischer entgegen: »Geh nur, sie sitzt schon wieder in dem alten Pisspott.« Und da sitzen sie noch bis auf den heutigen Tag.

Eine überholte Geschichte?

Im Hintergrund dieses Märchens steht zweifellos das »vormoderne Weltbild«, nach dem jeder nur in »seinem« Stand, das heißt in dem Beruf und in der sozialen Schicht, in die er hineingeboren wurde, glücklich werden kann – gemäß dem alten Sprichwort: »Schuster, bleib bei deinem Leisten!« Übertragen auf das Ehepaar des Märchens heißt das: »Fischer, bleib in deinem Stand und Ilsebill in deinem Pisspott!« – alles andere ist Hybris! Dieses statische Weltbild war darüber hinaus patriarchal, das heißt männlich dominiert. Die Männer waren Hüter der Ordnung, der »ständischen« Ordnung sowie derjenigen der Geschlechter. Von den Frauen wurde erwartet, was Haydn in seinem Oratorium »Die Schöpfung« seine Eva (vor dem Sündenfall!) singen lässt: »O du (Adam), für den ich ward! Mein Schirm, mein

Schild, mein All! Dein Will' ist mir Gesetz. So hat's der Herr bestimmt, und dir gehorchen bringt mir Freude, Glück und Ruhm.«[7] Verstieß eine Frau gegen dieses Glück, war sie ein Störenfried wie Eva ein wenig später im Schöpfungsbericht in der Geschichte mit dem Apfel oder wie – in ihrer Nachfolge – die Nixen und Sirenen, die den Mann »in die Tiefe ziehen«, wie wir gesehen haben. Ilsebill ist in der Sichtweise des Märchens eine typische Tochter Evas (nach dem Sündenfall!), die den Mann mit ihrer Unmäßigkeit verführt und die schließlich folgerichtig zur Tochter Satans wird, die in ihrer luziferischen Hybris mit ihrem letzten Wunsch »sein will wie Gott«. Das Märchen warnt vor dieser Gefahr weiblicher Unmäßigkeit und mahnt die Männer: Wehret den Anfängen! Widersteht entschieden der Begehrlichkeit eurer Frauen, damit es euch nicht ergeht wie dem Fischer, dem sie über den Kopf wächst und der vollständig die Kontrolle über sie verliert.

Dieser »Lösung« des Problems können wir heute nicht mehr zustimmen, auch wenn so mancher geplagte Mann die geheime Neigung in sich verspüren mag, dies zu tun. Müssen wir das Märchen – trotz aktueller Problemstellung – doch beiseite legen? Ich meine nein. Mindestens eines sollte uns auch diese Geschichte, wie schon mehrere andere, die wir bisher betrachtet haben, wieder zu bedenken geben: Die patriarchale Ordnung wird hier noch ungebrochen im Brustton der Überzeugung vertreten: Der Mann hat zu bestimmen und zu handeln. Die Frau hat sich anzupassen und zu dienen. Davon ist unsere gesamte gesellschaftliche, religiöse und künstlerische Tradition durchtränkt. Darum müssen wir – bei allen heutigen Beziehungsidealen der Gleichwertigkeit und Gleichberechtigung – auch immer damit rechnen, dass diese patriarchale Einstellung noch tief in uns steckt, in den Seelen der Männer und Frauen sowie in den Strukturen unserer Gesellschaft und Arbeitswelt, auch wenn in Worten und Deklarationen etwas ganz anderes vertreten wird. So ist es ein mühsamer Lernprozess, sich daraus zu befreien und zu einer tatsächlich ebenbürtigen Form des Zusammenlebens zu kommen! Wir brauchen darum Geduld mit uns selbst und mit unseren Partnern, wenn das Bemühen um Gleichwertigkeit von Mann und Frau nicht immer die gewünschten Erfolge zeitigt.

Aber das scheint mir nicht der einzige Lerngewinn aus dem Märchen zu sein. Wenn man es nämlich aufmerksam und mit heutigen Augen liest, dann werden »hinter« und »unter« der patriarchalen Botschaft durchaus auch noch andere Dinge deutlich, die uns in eine ganz andere Richtung weisen. Je länger ich mich mit dem Märchen beschäftigt habe, umso mehr hat sich seine Botschaft für mich verändert und aktualisiert. Auf diesen Weg der Neuentdeckung des Märchens bitte ich nun meine Leser und Leserinnen, mir zu folgen.

Phantasie und Realismus

Irgendwann ist mir aufgefallen, was ich hier an den Anfang stellen möchte: Die Frau – Ilsebill – hat einen Namen, der Mann wird immer nur mit seiner Funktion bezeichnet. Er ist der Fischer. Weist vielleicht das schon auf einen wichtigen Unterschied zwischen den beiden hin, der manches, was später folgt, verständlich macht? Ilsebill hat etwas ausgeprägt Individuelles. Bedeutet dagegen die »Namenlosigkeit« des Fischers, dass er als Person hinter seiner Funktion, hinter seiner Arbeit verblasst, vielleicht sogar verschwindet? Das erinnert mich an einen häufigen Unterschied zwischen Frauen und Männern, denen ich in der Paartherapie begegne.

Könnte das nicht zu tun haben mit dem ersten Dialog, den das Märchen berichtet und den solche Paare in ähnlicher Lage geradeso führen könnten? Da löst die Information über den sprechenden Fisch, den verwunschenen Prinzen bei Ilsebill sofort die Frage aus: »Hast du dir denn nichts gewünscht?« Und der Fischer antwortet: »Was sollte ich mir wünschen?« Dass man sich von einem sprechenden Fisch etwas wünschen könnte, auf die Idee ist der Fischer nicht gekommen. Er ist offenbar Realist. Ein sprechender Fisch ist ihm nur unheimlich, er will ihn so schnell wie möglich wieder los sein und wieder zu seinem »normalen« Tagesablauf zurückkehren. Ilsebill reagiert da ganz anders. Der verzauberte Fisch lässt sie sofort über ihre Pisspott-Realität hinaus phantasieren. Er ruft in ihr die Vision von einem ganz anderen Leben hervor: »Du hättest uns doch ein hübsches Häuschen wünschen können …« Der Fischer kommt da nicht mit. Er ist offenbar wunschlos. Wunschlos glücklich? Erstaunlich, bei dem »Pisspott«, den beide bewohnen! Hat er sich seine Wünsche nie bewusst gemacht, oder hat er sie sich vor lauter »Funktionieren« vielleicht abgewöhnt?

So erscheint es mir jedenfalls bei heutigen Paaren häufig. Die Männer sind Realisten und funktionieren, und je länger sie sich der täglichen Routine aussetzen, umso klagloser tun sie es und desto stromlinienförmiger passen sie sich an die Gegebenheiten an. Die Frauen dagegen sind diejenigen, die sich nicht zufrieden geben, sie phantasieren und träumen, wie es anders sein könnte, kritisieren, wie es ist, und stören damit die – scheinbare – »Ruhe« der Männer. Und ähnlich wie im Märchen der geheimnisvolle Fisch ist es auch heute nicht selten ein »Dritter« oder »Drittes«, der oder das bei den Frauen diese Vision von einem ganz anderen Leben hervorruft: ein Psycho-Buch, eine Illustrierten-Serie, eine Freundin oder auch ein Mann, für den sie schwärmen … Und ebenso wie im Märchen reagieren die realistischen Männer darauf häufig mit Irritation, Angst und Abwehr. Und so kommt die Spirale allmählich in Schwung: Je mehr Wünsche bei der Frau, desto mehr Abwehr beim Mann, je abwehrender der Mann, desto unzufriedener die Frau …

Was Ilsebill wirklich bräuchte

Aber so ganz scheint das auf den ersten Blick mit dem Märchen nicht übereinzustimmen. Denn der Fischer geht ja immer wieder. Er tut ihr schließlich immer wieder ihren Willen und trägt dem Fisch immer und immer wieder ihre Wünsche vor. Ja, äußerlich tut er es, aber es ist höchst aufschlussreich, wie er es tut – und in der Art, wie er es tut, bleibt er ständig bei seiner Abwehr. Um das zu erkennen, müssen wir den Text genau anschauen.

Ilsebill klagt da über den Pisspott und dringt in ihn, dass er hingeht. Darauf er: »Ach, was soll ich da noch hingehen?« Und wie sie weiter darauf besteht, heißt es im Märchen: »Der Mann wollte immer noch nicht. Weil es aber seine Frau durchaus wollte, ging er schließlich doch.« Und so geht es immer weiter im Märchen: Er will immer weniger, läuft aber doch immer wieder. Der Fischer richtet sich zwar in seinem Verhalten nach den Wünschen der Frau, aber er lässt mit keinem Wort erkennen, dass er irgendein Verständnis dafür hat, was die tieferen Gründe ihrer Wünsche sind, auch beim ersten Mal nicht, da sie sich statt des Pisspotts vorerst nur ein kleines Häuschen wünscht. Im Gegenteil. Auf ihre Klage, wie es da stinkt und eklig ist, sagt er nur: »Was soll ich da noch hingehen?«

Hier scheint mir der Schlüssel zum Verständnis der weiteren Entwicklung zu liegen. Denn was passiert hier? Was drückt sich darin aus, dass er mit der Frage »Was soll ich da noch hingehen?« auf ihre Klage reagiert? Es bedeutet, dass er ihr Missbehagen einfach übergeht. Er bezieht sich mit keinem Wort darauf, hier am Anfang genauso wenig wie in allen späteren Dialogen. Er versucht sie zu beschwichtigen, ihr einzureden, dass sie doch keinen Grund mehr zur Klage habe. Aber er kümmert sich nie auch nur einen Augenblick um das, was eigentlich in ihr vorgeht, was die tieferen Gründe ihrer Unzufriedenheit sein könnten. Ist das nicht –

trotz äußerer Gutwilligkeit – eine Missachtung ihrer Person?

Warum es immer mehr werden muss

Dadurch aber entsteht eine höchst zweideutige Situation: Der Wunsch – nach einem Häuschen, nach dem Schloss und so weiter – wird durch das Handeln des Fischers »der Sache nach« zwar erfüllt. Aber der tiefere Wunsch nach Anerkennung der Person, der darin ja immer auch mitschwingt, bleibt immer unerfüllt, denn dafür interessiert er sich nicht, darauf bezieht er sich mit keinem Wort.

Ilsebill bemerkt das offensichtlich nicht, jedenfalls reagiert sie nie direkt darauf. Aber könnte nicht die unendliche Wunsch- und Unzufriedenheitsspirale, die sich nun entwickelt, ein Hinweis darauf sein, dass diese tiefe Missachtung durch den Fischer sehr wohl in ihr ihre Wirkung tut? So viel sie auch bekommt, auf einer tieferen Ebene, auf der Ebene als Partnerin, als Frau, bleibt sie weiter unbefriedigt. Und weil das so ist und weil sie es nicht bemerkt, glaubt sie, dass es »mehr« werden muss, damit sie zufrieden wird: ein Haus, ein Schloss, König, Kaiser, Papst …

So ist es jedenfalls häufig bei Paaren, bei denen der Mann zwar äußerlich alles bietet, aber sich auf der persönlichen Ebene verweigert: Es vollzieht sich eine Verschiebung von der Qualität auf die Quantität: Weil die Frau die »Qualität« nicht bekommt, die sie sich eigentlich wünscht, nämlich die Anerkennung ihrer Gefühle und ihrer Person, muss die »Quantität« immer mehr werden, und trotzdem ist es immer noch nicht das, was eigentlich befriedigt. Diese Dynamik finden wir häufig da, wo existenzielle persönliche Bedürfnisse unberücksichtigt bleiben. Es gibt eine Verlagerung vom »Sein-Wollen« auf das »Haben-Wollen«, und weil es »das nicht ist«, wird daraus ein »Immer-mehr-haben-Wollen«, also eine Sucht-Dynamik, wie wir sie heute in vielfältiger Form gerade bei Frauen finden: Kaufsucht, Esssucht, Magersucht, Alkoholsucht …

Liebe und Macht

Im weiteren Verlauf ist eine zweite Verschiebung zu beobachten, die ich bei Paaren ebenfalls häufig finden kann: eine Verschiebung von der Ebene der persönlichen Anerkennung auf die Ebene der Macht. Denn nach der zweiten Wunscherfüllung geht es Ilsebill nicht mehr nur um Besitz, um Haus und Schloss, sondern um König-, Kaiser-, Papsttum, das heißt im damaligen Weltbild: Sie will neben dem größeren Besitz auch eine immer mächtigere Position einnehmen. Weil sie vom Mann nicht bekommt, was sie sich auf einer tieferen Ebene wünscht, versucht sie nun über Machtstrategien die Kontrolle über die Beziehung zu erlangen. Am deutlichsten wird das, als sie ihn anblafft: »Ich bin der Kaiser und du bist nur mein Mann! Geh also hin!«

Der Einsatz von Machtstrategien in Paarbeziehungen kommt oft aus dieser Problematik: Ich bekomme nicht, was ich eigentlich ganz dringend bräuchte, also versuche ich es zu erzwingen. Freilich verwenden die heutigen Ilsebills häufig nicht so direkte Mittel wie ihr Urbild, sondern verstecktere, wiewohl nicht weniger machtvolle: Mit Migräne, sexueller Lustlosigkeit oder chronischem Zeitmangel (»Es ist immer noch so viel zu tun!«) kann man Männer ganz schön auf Trab bringen. Die Tragik dabei ist nur, dass die Chancen, das eigentlich Gewünschte zu bekommen, damit immer mehr schwinden. Ein verängstigter Fischer, der sich duckt und mit eingezogenem Kopf zum Fisch läuft, ist immer weniger imstande, das zu geben, worum es eigentlich geht, nämlich persönliche Anerkennung. Die Machtmittel müssen also weiter verstärkt werden – König, Kaiser, Papst –, und natürlich wird es dadurch nicht besser. Ilsebill erstarrt am Ende in verzweifelter Einsamkeit. Als sie schließlich auf dem höchsten, auf dem Papstthron sitzt, sagt das Märchen von ihr: »Sie aber saß ganz steif wie ein Baum und rührte und regte sich nicht.« Die Eskalation – oder Verfeinerung – der Machtstrategien bringt nichts. Sie macht nur noch einsamer, auch wenn man äußerlich alles erreicht hat …

Was der Fischer vermeidet

So wird also für mich immer wahrscheinlicher, dass auf einer tieferen Ebene gesehen der ruhige, gutwillige und bemühte Fischer durchaus an dieser endlosen und in die Katastrophe führenden Unzufriedenheitsspirale einen wesentlichen Anteil hat und es nicht nur an Ilsebill liegt. Denn was er verweigert, ist das, was seine Frau am nötigsten hätte, nämlich Begegnung, Begegnung von Person zu Person, Begegnung eines Mannes mit einer Frau. Er vermeidet diese Begegnung, indem er sich nie auf die ihren Wünschen zugrunde liegende Gefühlslage bezieht und sich auf diese einlässt.

Er vermeidet diese Begegnung aber auch, wenn er sich niemals klar abgrenzt, auch da nicht, wo ihre Wünsche im Verlauf des Geschehens tatsächlich ins Irrationale abdriften. Denn auch ein klares »Nein« wäre noch eine Form persönlicher Begegnung und eine Form, den anderen wirklich zu »berühren« und ernst zu nehmen. Auch dadurch würde er sich als Mann ihr als Frau zumuten, und die Chance zur Auseinandersetzung über das, worum es wirklich geht, wäre gegeben. Aber so wie er nie wirklich Ja zu ihr sagt, sagt er auch nie wirklich Nein, grenzt sich nie eindeutig ab. Verbal sträubt er sich zwar von Mal zu Mal mehr, aber im Handeln gibt er jedes Mal doch wieder nach. Es ist keine Anpassung von innen heraus, kein echtes Auf-sie-Eingehen, aber auch keine Abgrenzung von innen heraus, kein echtes Sich-Distanzieren, und damit läuft es auf eine vollständige Verweigerung hinaus. Der Fischer verweigert sich seiner Frau als ihr Mann. Er lässt sie vollständig ins Leere laufen.

Der Anteil Ilsebills ist allerdings, dass sie das nie wirklich wahr- und ernst nimmt. Sie geht darüber hinweg, sie drängt ihn nur immer stärker, aber sie konfrontiert ihn kein einziges Mal direkt damit, indem sie beispielsweise – etwa beim ersten Mal – sagen würde: »He, hast du eigentlich gehört, was ich gesagt habe? Mir passt es hier in diesem Pisspott überhaupt nicht mehr! Ich will, dass du das hörst und dich damit befasst!« Nein, so redet sie nie. Sie sorgt nicht für sich und ihre berechtigten Anliegen, und darum steigern sich ihre Wünsche »im Außen«, und je mehr sie sich steigern, desto bedrohlicher wird sie für den Fischer und desto mehr vermeidet er wiederum persönliche Begegnung, und je mehr er die vermeidet und verweigert, desto unermesslicher werden ihre Wünsche – bis schließlich alles in sich zusammenfällt und beide wieder in ihrem Pisspott sitzen.

Der Fischer zeigt damit ein Verhalten, das dem vieler Männer in nahen Dauerbeziehungen gleicht: Er passt sich der Frau äußerlich an, und zugleich wehrt er sie gerade damit ab. So macht er sich unangreifbar. Er kann jederzeit sagen: »Was hast du denn, ich tu doch alles!« Und: »Man kann es dir wirklich nicht recht machen!« Und die Frauen spielen häufig mit wie Ilsebill, weil sie sich selber nicht spüren lassen, was sie so unzufrieden macht und warum sie einen solchen Ärger auf den armen Mann haben, der sich doch immer so bemüht …

Hier erhebt sich vielleicht die Frage: Warum nur handelt der Fischer so? Warum tun es so viele Männer? Wir begegnen hier wieder der Angst des Mannes vor den Bedürfnissen der Frau, einer Angst, die offensichtlich unsere ganze Tradition durchzieht. Es ist, wie wir gesehen haben, die Angst, von der Frau »verschlungen«, von ihr in die Tiefe gezogen zu werden. Allerdings repräsentiert der Fischer den Typ des Mannes, der es »geschickter« macht, als wir es beim Müller und der Nixe oder bei Samson und Dalilah gesehen haben. Er geht ihr nicht so direkt »auf den Leim«, er passt sich an, und »dahinter« hält er seinen Widerstand aufrecht. Das Märchen sagt: Das sollte er nicht – und damit hat es Recht. Aber was es als Heilmittel dagegen implizit empfiehlt, nämlich von Anfang an die Wünsche der Frau konsequent abzuschmettern, das ist natürlich keine Lösung, sondern führt, wie wir immer wieder erlebt haben und erleben, genauso zurück in den – gemeinsamen – Pisspott.

Begegnung wagen und für sich selber sorgen

Was wäre die Lösung von Seiten des Fischers? Es klingt ganz einfach: Die Lösung wäre, sich auf die Frau einzulassen. Aber was heißt das, sich auf die Frau einlassen? Es ist wohl deutlich geworden, dass das nicht unbedingt und nicht in erster Linie heißen müsste, ihre Wünsche auch zu erfüllen. Worum es geht, das ist die Anerkennung und die Achtung der Wünsche, Bedürfnisse und Gefühle der Partnerin. Sie dürfen sein, sie haben ihre Berechtigung, sie haben ihre Gründe. Sich darauf einzulassen, heißt in erster Linie, sie ernst zu nehmen, sich damit zu befassen, sich damit auseinander zu setzen. Damit tun sich Männer oft schwer. Sie meinen, sie müssten gleich etwas »machen«, und wenn das nicht geht oder wenn es ihnen zu viel erscheint, blocken sie ab oder tun es mit Groll im Herzen. Dabei ginge es zuerst und in erster Linie lediglich darum, mit der Frau liebevoll und achtungsvoll über ihre Wünsche und Bedürfnisse ins Gespräch zu kommen. Daraus kann ein Prozess entstehen, der beide ganz woandershin führt, als es zunächst schien. Aus dem Wunsch nach einer kostspieligen Reise schält sich dann zum Beispiel als der tiefere Wunsch heraus, einmal ungestört Zeit miteinander als Paar zu haben. Entweder ist dann die Reise nicht mehr so wichtig, oder die Investition erscheint dann auch dem Mann sinnvoll und nötig.

Das Gesagte bezieht sich auf den Anteil der Männer im Ilsebill-Fischer-Beziehungsmuster. Der Anteil Ilsebills ist freilich auch vorhanden und treibt seinerseits die Spirale voran, auf welche Weise, das habe ich bereits angedeutet. Darauf möchte ich jetzt noch etwas genauer eingehen.

Es fällt zum Beispiel auf, dass sie immer nur den Mann schickt, niemals aber selber aktiv wird. Das lag für eine Frau der damaligen Zeit wohl auch nicht nahe. Aber wäre es ihr nicht trotzdem zuzumuten, angesichts des Widerstandes ihres Mannes zu sagen: »Nun, dann geh' ich selber – mit dir oder auch ohne dich – zum Fisch. Ich werde selber mit ihm reden!« Das tut sie nicht. Sie macht sich abhängig vom Fischer und seinem Verhalten. Und weil sie das tut, muss sie – als Ersatz sozusagen – drängeln und bohren und ihm in den Ohren liegen. Sie übergeht dabei – wie bereits erwähnt – die massive Abwehr ihrer Wünsche durch den Fischer, die darin ausgedrückte Abwertung ihrer Person und die Missachtung ihrer Lebenssituation »im Pisspott«.

Machen es heutige Frauen, trotz Emanzipation und Gleichberechtigung, nicht häufig ähnlich? Mit Recht sind sie unzufrieden. Es ist kein Wunder, dass ihnen zu Hause die Decke auf den Kopf fällt. Es ist nachvollziehbar, dass sie ihre Ausbildung nicht im Kochtopf verpuffen lassen wollen. Es ist verständlich, dass sie nicht immer nur Kindergeschrei um sich haben wollen. Aber sie haben Angst, die Dinge selber in die Hand zu nehmen. Sie jammern herum, sind frustriert und genervt – und beginnen an den Männern herumzunörgeln. Natürlich beklagen sich viele Frauen zu Recht darüber, dass ihre Männer sich zu wenig auf sie einlassen, zu wenig die Beziehung im Auge haben. Aber manchmal muss man sich auch fragen, ob es nicht die mit der traditionellen Frauenrolle »geerbte« Abwertung der eigenen Kompetenz und Verantwortung für das eigene Leben ist, die zu einer gewissen Überbetonung der Wichtigkeit der Beziehung und damit zu einer permanenten Kritik am Partner führt. Ihre Unzufriedenheit ist wohl auch darauf zurückzuführen, dass sie wie Ilsebill ihr Schicksal nicht selber in die

Hand nehmen, dass sie sich nicht trauen, ihren Kindern und Ehemännern etwas zuzumuten, dass sie das Risiko scheuen, nach draußen zu gehen, sich darzustellen, mit einem Wort: dass sie vermeiden, selber mit dem verwunschenen Prinzen im Fisch ins Gespräch zu kommen. Um sich dem nicht stellen zu müssen, machen sie lieber den Mann und seine Beziehungsmängel für ihr Unglück verantwortlich.

Warum Partner sich wählen

Fragt man sich nur: Wenn Ilsebill schon selber eine solche Tendenz hat, ihre Kompetenz abzuwerten und nicht selber hinzustehen, warum wählt sie dann im Fischer einen Mann, der auch nicht wirklich hinsteht, weder für sie, wo es angemessen wäre, noch gegen sie, wo es Not täte? Das Märchen klärt uns über die Frage der Partnerwahl nicht auf. Aber man kann sich leicht ausphantasieren, wie diese vor sich ging. Ilsebills geraten leicht an Männer wie den Fischer. Denn dass beide im selben Punkt ihre Defizite haben, ist am Anfang in der Regel verdeckt. Im Vordergrund steht zunächst die Ergänzung: Der Fischer-Mann erscheint ihr in seiner zurückhaltenden und zunächst gutwilligen Art als jemand, der ihr die Verantwortung für das eigene Lebenswagnis abnehmen wird, als einer, bei dem sie sich gut aufgehoben fühlen kann, der Sicherheit und Geborgenheit verspricht. Dass hinter dieser Zurückhaltung in Wirklichkeit Angst vor echter Begegnung mit ihr und dem Weiblichen überhaupt steckt, das wird dann erst viel später deutlich.

So ähnlich geht es bei der Partnerwahl oft: Wir heiraten den, der zu uns zu passen scheint, weil er scheinbar das hat, was uns fehlt. So heiratet der karge Fischer die phantasievolle und lebenshungrige Ilsebill, und die unsichere, ängstliche Ilsebill den ruhigen und – wenn man ihn in seinem gewohnten Ablauf lässt – sicheren Fischer. Daraus entstehen freilich dann, wie uns das Märchen demonstriert, im weiteren Verlauf der Beziehung heftige Konflikte. Denn »hinter« der Phantasie Ilsebills wird später ihre große Bedürftigkeit und hinter der »Ruhe« des Fischers seine Angst sichtbar.

Trotzdem wage ich zu behaupten: Es kann dennoch genau die »richtige« Partnerwahl sein. Denn was einerseits problembeladen ineinander hakt – in unserem Fall die Bedürftigkeit Ilsebills und die Abwehr des Fischers – und sich dann destruktiv wechselseitig verstärkt, das bedeutet andererseits eine machtvolle gegenseitige Herausforderung genau am entscheidenden Punkt. Denn der Fischer konfrontiert Ilsebill genau mit ihrem Lebensthema, nämlich dem Thema, über sich selbst hinwegzugehen, anstatt selber für sich zu sorgen und ihre Anliegen deutlich zu machen. Damit aber fordert er sie heraus, sich mit diesem ihrem Lebensthema auseinander zu setzen und zu lernen, sich selbst wichtig zu nehmen. Ähnlich umgekehrt: Ilsebill konfrontiert den Fischer seinerseits genau mit seinem Lebensthema, nämlich seiner Angst, Begegnung zu wagen, sich als Mann einer Frau gegenüberzustellen, statt in Anpassung und Widerstand abzutauchen. Damit fordert sie ihn heraus, sich diesem Lebensthema zu stellen und sich damit auf einen Entwicklungsprozess zu einer vollen männlichen Identität einzulassen.

In nahen Dauerbeziehungen treffen wir immer auch unsere wunden Punkte. Was uns am Anfang am anderen fasziniert, wird meist auch das, was uns am anderen ärgert. Das heißt aber bei weitem nicht immer, dass wir uns in der Wahl geirrt haben. Vielmehr kann es dadurch gerade sein, dass uns der andere zur entscheidenden Herausforderung für die eigene persönliche Reifung wird: weil er uns gerade da fordert, wo wir Entwicklung am meisten nötig haben.

Einander zur Herausforderung werden

So wird am Schluss deutlich, was überraschend erscheint: So verschieden die beiden sind, der Fischer und seine Frau, so gegensätzlich sie uns in ihrer ganzen Art erscheinen, im Grunde haben sie miteinander und aneinander dasselbe zu lernen: nämlich erstens »zu sich selber zu stehen« und zweitens »Begegnung zu wagen«.

Zu sich selber stehen, das würde für den Fischer bedeuten, sich zunächst die Ängste und die Panik einzugestehen, die ihn angesichts weiblicher Bedürftigkeit erfassen. Diese Selbsterkenntnis würde ihn davor bewahren, weiter seine Anpassung-Widerstand-Strategien zu fahren. Dies wäre die Voraussetzung dafür, dass sich das ambivalente Gemisch aus Widerstand und Anpassung Frauen gegenüber allmählich auflösen könnte. Dann würde auch das Wagnis der Begegnung möglich. Denn aus Anpassung könnte dann echte Hingabe und aus Widerstand klare Abgrenzung werden, und beides würde ihm je nach Situation zur Verfügung stehen.

Zu sich selber stehen, das hieße andererseits für Ilsebill: spüren zu lernen, wie sehr sie sich selber missachtet, wenn sie die in jeder Aussage des Fischers enthaltenen Abwertungen einfach schluckt und weiter dabei bleibt, sich von seinem Tun oder Lassen abhängig zu machen. Wenn sie sich das spüren ließe, würde sie das hoffentlich so ärgern, dass sie sich entschlösse, ihre Selbstachtung zu aktivieren und ihr Schicksal nun selber in die Hand zu nehmen. Damit aber würde sie auch ihrerseits anfangen, Begegnung zu wagen: Sie würde ein echtes Gegenüber zum Fischer. Denn gerade dann, wenn sie ihn nicht mehr »brauchen« würde für ihre eigene Zufriedenheit, würde sie ihm als Partnerin begegnen können, als eine, die sich in Liebe mit ihm verbindet, ohne sich zu verlieren, oder auch eine, die sich, wenn es sein muss, in Würde von ihm trennen und ihren eigenen Weg ohne ihn gehen kann, wenn es nicht mit ihm geht.

Wenn beide auf diese Weise lernten, zu sich selber zu stehen und Begegnung zu wagen, würde sich also nicht unbedingt alles in Wohlgefallen auflösen, obwohl die Chancen zu einer erfüllten Beziehung dann sicher nicht schlecht stünden. Aber wie immer es mit dem Fischer und Ilsebill weitergehen würde, eines ist sicher: den ganzen Zauber mit Schloss, König, Kaiser, Papst und liebem Gott bräuchte es dann nicht, und sicher würden sie am Ende auch nicht wieder vor ihrem Pisspott sitzen. Der Weg in eine bessere Zukunft wäre dann frei – ob mit- oder ohneeinander.

Anmerkungen

Anmerkungen zu I

1 Vgl. dazu Herrad Schenk, Freie Liebe – wilde Ehe. Über die allmähliche Auflösung der Ehe durch die Liebe, München 1987, S. 125–130.

2 Zitiert nach Herrad Schenk, s. o. S. 206.

3 Auf die Wichtigkeit der »Anfangs-Vision« und ihre Wiederbelebung hat mich Rosemarie Welter-Enderlin, Ausbildungsinstitut für Systemische Therapie in Meilen, Schweiz, hingewiesen. Dazu ihr Buch: Paare, Leidenschaft und lange Weile. Männer und Frauen in Zeiten des Übergangs. München/Zürich 1992, hier vor allem S. 67–72 und durchgängig unter dem Stichwort »Paarmythos«.

4 Auch die Metapher von der »Insel« stammt von Rosemarie Welter-Enderlin. Vgl. dazu das eben genannte Buch.

5 So lautet der Titel des berühmten Buches von Karlfried Graf Dürckheim, Untertitel: Vom Weg zur Verwandlung, Stuttgart 1987[9].

6 Zu dieser Paar-Konstellation vgl. Hans Jellouschek, Der Froschkönig. Ich liebe dich, weil ich dich brauche, Kreuz Verlag Zürich 1991[3].

7 Rosemarie Welter-Enderlin, »Widerstand in der Familientherapie«, in: Zeitschrift Praxis der Psychotherapie und Psychosomatik Nr.33/1988, S. 208–217.

8 Hans Jellouschek, Die Froschprinzessin. Wie ein Mann zur Liebe findet, Kreuz Verlag, Zürich 1991[3].

9 Friedrich Rückert, Du bist mein Mond, zitiert bei Ulrich Beck und Elisabeth Beck-Gemsheim, Das ganz normale Chaos der Liebe, Suhrkamp-TB, Frankfurt a. M. 1990, S.70f.

10 Elisabeth Beck-Gemsheim, s. Anm. 9, S. 123.

11 Dieses »Gestaltgebet« erscheint in der Literatur in verschiedenen Fassungen. Ich zitiere es hier aus der mündlichen Überlieferung der Encounter-Bewegung.

12 Dieser Gedanke von Viktor E. Frankl, dem Begründer der Logotherapie und Existenzanalyse, wird in allgemein verständlicher Form dargelegt von Alfried Längle, Sinnvoll leben. Angewandte Existenzanalyse, St. Pölten 1987.

13 Bertolt Brecht aus: Der gute Mensch von Sezuan, Gesammelte Werke Band 4, Suhrkamp Verlag, Frankfurt am Main 1967, S.1552.

14 So der Titel des bekannten Buches: Peter Schellenbaum, Das Nein in

der Liebe. Abgrenzung und Hingabe in der erotischen Beziehung, Kreuz Verlag, Stuttgart 1984.

15 Dies ist einer der anthropologischen Grundgedanken von Viktor E. Frankls Logotherapie. Vgl. dazu Viktor E. Frankl, Das Leiden am sinnlosen Leben, Freiburg i. Br. 1978.

16 Ulrich Beck in: Das ganz normale Chaos, vgl. Anm. 9, S. 49.

17 I. Langer, »Familie im Wandel« in: Zeitschrift »Einblicke« 21 1990, Zeitung der Arbeitsstelle für Erwachsenenbildung der Evangelischen Kirche in Hessen und Nassau, S. 7.

18 Vgl. dazu Williges Jäger, Kontemplation. Gottesbegegnung heute, Salzburg 1982; Ders.: Kontemplatives Beten. Schriften zur Kontemplation, Münsterschwarzach 1985; Ders.: Suche nach dem Sinn des Lebens. Bewußtseins-Wandel durch den Weg nach innen. Vorträge, Ansprachen, Erfahrungsberichte, Petersberg 1991.

Anmerkungen zu III

1 Norbert Bischof: Das Rätsel Ödipus. Die biologischen Wurzeln des Konflikts von Intimität und Autonomie, Serie Piper 989, 3. Aufl. München 1985, S. 281.

2 Wörtliche Übersetzung des Tübinger Alttestamentlers Dr. Winfried Bader, private Mitteilung.

3 Zur Problematik des »Muttersohnes« vgl. Hans Jellouschek: Warum hast du mir das angetan? Untreue als Chance, Piper Verlag, München 1995.

4 H. Jellouschek, Die Froschprinzessin. Wie ein Mann zur Liebe findet. Reihe: Weisheit im Märchen, Kreuz Verlag, Zürich 1989.

5 Dazu H. Jellouschek: Hättest du doch geredet! Das Schweigen der Väter. In: H. Kößler und A. Bettinger (Hrsg.): Vatergefühle. Männer zwischen Rührung, Rückzug und Glück, Kreuz Verlag, Stuttgart 2000, S. 79–96.

6 Vgl. dazu ausführlich: Hans Jellouschek: Vom Fischer und seiner Frau. Wie man besser mit den Wünschen seiner Frau umgeht, Reihe Weisheit im Märchen, Kreuz Verlag, Zürich 1996.

7 Joseph Haydn, Die Schöpfung, Oratorium für Soli, Chor und Orchester, Text von Gottfried van Swieten, Duett Adam und Eva, zitiert nach dem Klavierauszug von P. Klengel, Verlag Breitkopf und Härtel, Edition Breitkopf 118, Wiesbaden–Leipzig–Paris o. J., Seite 184.

Literatur

Bischof, Norbert (1991): Das Rätsel Ödipus. Die biologischen Wurzeln des Urkonflikts von Intimität und Autonomie. München

Bloch, Ernst (1990): Das Prinzip Hoffnung. 3. Aufl. Frankfurt a. M.

Clement, Ulrich (2002): »Offene Rechnungen«. Ausgleichsrituale in Paarbeziehungen. In: Welter-Enderlin, Rosmarie/Hildenbrand, Bruno (Hrsg.): Rituale – Vielfalt in Alltag und Therapie, S. 122–138. Heidelberg

Csikszentmihalyi, Mihaly (1991): Das Flow-Erlebnis. Jenseits von Angst und Langeweile: Im Tun aufgehen. 3.Aufl. Stuttgart

Endres, Manfred/Hauser, Susanne (Hrsg. 2000): Bindungstheorie in der Psychotherapie. München

Fthenakis, Wassilios/Kalicki, Bernhard/Peitz, Gabriele (2002): Paare werden Eltern. Opladen

Gesterkamp, Thomas (2002): gutesleben.de. Die neue Balance zwischen Arbeit und Liebe. Stuttgart

Glöckner, Angelika (2000): Lieber Vater, liebe Mutter … Sich von den Schatten der Kindheit befreien. Freiburg

Gottman, John M./Silver, Nan (2000): Die sieben Geheimnisse der glücklichen Ehe. 2. Aufl. München

Haffner, Sebastian (2000): Geschichte eines Deutschen. Die Erinnerungen 1914–1933. Stuttgart – München

Hamann, Brigitte (2002): Hitlers Wien. Lehrjahre eines Diktators. 5.Aufl. München

Hesse, Hermann (1970): Gesammelte Werke. 1. Band. Frankfurt a. M.

Hildenbrand, Bruno/Welter-Enderlin, Rosmarie (1996): Systemische Therapie als Begegnung. Stuttgart

Hildenbrand, Bruno (1993): Eingefrorene Geschichten und auftauende Beschreibungen – begriffliche Überlegungen. In: Zeitschr. System Familie, S. 130 ff.

Jellouschek, Hans (2001): Beziehung & Bezauberung. Stuttgart

Jellouschek, Hans (2002a): Die Kunst als Paar zu leben. 14. Aufl. Stuttgart

Jellouschek, Hans (2002b): Warum hast du mir das angetan? Untreue als Chance. 7. Aufl. München

Jellouschek, Hans (2002c): Bis zuletzt die Liebe. Als Paar im Schatten einer tödlichen Krankheit. Freiburg

Jellouschek, Hans (2003): Wie Partnerschaft gelingt. 12. Aufl. Freiburg

Jellouschek, Hans (2004): Wagnis Partnerschaft. Wie Liebe, Familie und Beruf zusammengehen. Freiburg

Kast, Verena (1984): Paare. Beziehungsphantasien oder Wie Götter sich in Menschen spiegeln. Stuttgart

Mary, Michael (2002): Fünf Wege, die Liebe zu leben. Hamburg

Moeller, Michael Lukas (1988): Die Wahrheit beginnt zu zweit. Das Paar im Gespräch. Hamburg

Retzer, Arnold (2002): Das Paar. Eine systemische Beschreibung intimer Komplexität. In: Zeitschr. Familiendynamik, S. 5–42 und 186–217. Stuttgart

Revenstorf, Dirk (1999): Wenn das Glück zum Unglück wird. Psychologie der Paarbeziehung. München

Rilke, Rainer Maria (1984): Sämtliche Werke, 1. Band. Frankfurt a. M.

Schenk, Herrad (2002): Wie in einem uferlosen Strom. Das Leben meiner Eltern. München

Schulz von Thun, Friedemann (1986): Miteinander reden: Störungen und Klärungen. Psychologie der zwischenmenschlichen Kommunikation. Hamburg

Weber, Gunthard (Hrsg. 1993): Zweierlei Glück. Die systemische Psychotherapie Bert Hellingers. Heidelberg

Welter-Enderlin, Rosmarie (1996): Deine Liebe ist nicht meine Liebe. Paarprobleme und Lösungsmodelle aus systemischer Sicht. Freiburg

Willi, Jürg (2002): Psychologie der Liebe. Persönliche Entwicklung durch Partnerbeziehungen. Stuttgart

Bibliografische Information der Deutschen Bibliothek
Die Deutsche Bibliothek verzeichnet diese Publikation in der Deutschen Nationalbibliografie; detaillierte bibliografische Daten sind im Internet über http://dnb.ddb.de abrufbar

Auswahl aus den Büchern:
Hans Jellouschek, Die Kunst als Paar zu leben, © 2005 Kreuz Verlag, Stuttgart
Hans Jellouschek, Liebe auf Dauer, © 2004 Kreuz Verlag, Stuttgart
Hans Jellouschek, Beziehung & Bezauberung, © 2005 Kreuz Verlag, Stuttgart

Kreuz Verlag, Stuttgart
in der Verlagsgruppe Dornier GmbH
Postfach 80 06 69, 70506 Stuttgart

www.kreuzverlag.de
www.verlagsgruppe-dornier.de

Umschlaggestaltung: P.S. Petry & Schwamb, Agentur für Marketing und Verlagsdienstleistungen, Freiburg
Umschlagbild: © Panther Media/Marc Dietrich
Satz: de·te·pe, Aalen
Druck: GGP Media GmbH, Pößneck

ISBN 3-7831-2829-3
ISBN 978-3-7831-2829-3